大事なことは憲法が教えてくれる

日本国憲法の底力

森 英樹［著］ *Hideki Mori*

新日本出版社

目次

Ⅲ 「民」が「主」となる民主主義　105

Ⅳ 憲法って何？　日本国憲法って何？　155

Ⅰ　主権者が創る「象徴制度」と軍事によらない平和

1947年に文部省が発行した『あたらしい憲法のはなし』。3を参照

1 「象徴」って何をする人？

――「象徴」天皇という制度

鳩が「平和の象徴」になったわけ

平和の象徴はハトだと誰もが言います。これは、旧約聖書に出てくる有名な「ノアの方舟《はこぶね》」の話が起源でした。人々によって悪に満ちてしまった世界を絶滅させようとして神が大洪水を起こしたとき、ノアは、家族とすべての動物のつがいを方舟に乗せて大洪水を生き延び、四〇日後に鳩を飛ばしたところ、オリーブの枝をくわえて戻ってきたので、洪水がおさまり平穏が戻ったことを知った、という「創世記」の物語です。鳩自体は「軍用鳩」としても重用されたように、必ずしも「平和」な鳥とは限りません。それを平和の「象徴」に抽象化したのは、人々の構想力によるものです。この構想力を一気に高め世界的にしたのが、一九四九年にパリで開催された国際平和擁護大会のポスターを、画家ピカソがデザインした作品が鳩だったことでした。「平和の象徴は鳩」という場合の鳩は、具体的な（時には糞公害をもたらす）個々の具体的な鳩ではなく、人々のこころに定着できた抽象的な鳩です。

「象徴」としての天皇

憲法はその冒頭第一条で、やぶから棒に「天皇は、日本国の象徴であり日本国民統合の象徴」と定めました。明治以来の「天皇制」支配を骨の髄まで叩き込まれた「日本国民」にとっては、「天皇」

と聞いただけで、直立不動の条件反射を引き起こす単語でしたから、いきなり「天皇は」といわれても何のことかはわかったでしょう。しかし、「天皇」とは元来、「天上の皇《すめらぎ》」、つまり神とされる存在でしたから、キリストを唯一の神とし、王権はその神から授かったとする「王権神授」という考え方で中世から近世を営んで近代社会の流れをつくってきた系譜とは異質です。欧米の論者には、したがって天皇を帝（emperor）とか君主（monarch）と呼ぶことに違和感を持ち、そのまま「Tenno」と表記する者も少なくありません。憲法が定める「国会（diet）」「内閣（cabinet）」「司法（judiciary）」等々という規定は、いきなり出てきても、近代憲法史によくあるものでしたから、わざわざ定義せずとも了解できるのですが、「天皇」はまったく特殊日本的な制度なのです。

君主は一般に「象徴」の役割も担いますが、神権天皇制だった明治憲法下の天皇に対する体験を払《ふっ》拭《しょく》できないままに、「天皇」という同じ職名（？）が憲法冒頭に存続し、確かに憲法では、その天皇は一切の「国政に関する権能」を持たず、「この憲法が定める国事に関する行為のみ」を、しかも「内閣の助言と承認」を得たときだけ許されると定め（三条・四条）、だからただの「象徴」に過ぎない、と定めても、「天上の皇」的象徴性は、日本政治や社会の通奏低音として流れ続けました。

明仁天皇は護憲の「象徴」？

戦争責任が終生つきまとった裕仁前天皇との対比で、明仁現天皇は、「戦後」憲法である「日本国憲法」に対するシンパシーをしばしば表明してきています。就任したのは、前天皇が死去した（とされる）一九八九年一月七日午前六時三三分そのときですが、九日に行われた「即位後朝見《ちょうけん》の儀」で、「皇位を継承するに当たり、皆さんとともに日本国憲法を守り、これに従って責務を果たすことを誓う」と述べて注目され、またそれが好意的に報道されもしました。憲法九九条は「憲法尊重擁護義務」を負う者たちの筆頭に天皇を置いていますから、それに従ったまで、といえなくもありませんが、天皇の口から「日本国憲法を守る」発言が出たことは新鮮だったでしょう。ただし「朝見」などという「上から目線」の儀式名を旧態然と使用したのはいただけません。

また、ここで「皆さんとともに」とした「皆さん」が、現にこの儀式に参列していた、首相などの「公務員」たちのことであれば憲法通りですが、この儀式を注視していた「国民」も含んだ「皆さん」だとすると、九九条の趣旨からはずれている、と学界では問題になりました。ともあれ、明仁天皇が「日本国憲法」に言及するとき、「尊重擁護」の姿勢はそれなりに鮮明です。

安倍政権と天皇発言

この姿勢が時の政権と微妙以上の軋《きし》みを見せているのが、第二次安倍晋三政権発足からでしょう。「押し付け憲法」論を前面に立て「戦後レジームからの脱却」を言い立てる政権が誕生してまもなくの、八〇歳誕生日（二〇一三年）にあたり、明仁天皇は、「戦後、連合国軍の占領下にあった日本は、平和と民主主義を守るべき大切なものとして、日本国憲法を作り、様々な改革を行って今日の日本を築きました」と言及し、暗に安倍路線を批判したのでは、と注目されました。戦後七〇年にあたっての「新年の感想」では、「この機会に、満州事変に始まる戦争の歴史を十分に学び、今後の日本のあり方を考えていくことが、今、極めて大切なこと」と述べたことは、「十五年戦争」という歴史観を初めて示して注目されましたが、他方、安倍首相が発した「年頭所感」は、こうした歴史観を拒絶し「日本を、再び、世界の中心で輝く国としていく」との怪しげな「決意」表明であったこととの対比も鮮明でした。そして二〇一五年八月、戦後七〇年の首相談話が紆余曲折《うよきょくせつ》の末に、「先の戦争への反省とお詫び」を「間接話法」でしか述べなかったのに対し、一五日の全国戦没者追悼式での天皇は「さきの大戦に対する深い反省」を初めて明言する、という対比を見せました。

象徴としての言動

こうした最近の対比から、明仁天皇の言動に好意的な論評・報道は少なくありません。しかし、そもそも憲法が定めた原則からすれば、天皇が「象徴」であるとは、抽象的な存在を意味づけるだけにすぎませんから、一挙手一投足に「象徴」制を吟味する性質のものであってはならないでしょう。くどいようですが、憲法上の天皇の職務は、憲法所定の国事行為（六条の定める二個と七条の定める一〇個）のみに限定されています。各国事行為で天皇は何か意味ある言動をする、ましてやその言動を通して何らかの影響を与えることは、「象徴」であるがゆえに許されません。鳩が「平和の象徴」だからといって、優しく鳴かなければならない、と決めるのは筋違いです。天皇の言動に一喜一憂するのは、そろそろやめにしませんか？　それが「天皇は象徴」という制度の合憲的運用の原則です。

2 「明治・大正・昭和」って特有のイメージがありますね
——元号制度の社会的機能

平成七二年？

「日本の将来とかけて北陸新幹線ととく。そのこころは『のぞみ』がありません」——こんなジョークを思い起こしながら、日本の近未来を調べるために、厚生労働白書（二〇一四年版）の「資料編」を見ていたら、のっけにあった「日本の将来人口推計」にびっくり。日本の現在の人口、約一億二六八五万人が、四五年後には八〇〇〇万人を切るところまで減少する、という見通しになっていますが、このことはかねてから言われていることなので、新たに驚いたわけではありません。びっくりしたのは、四五年後、つまり二〇六〇年のことを「平成七二年」と表記していたことです。

「元号」という年計算方法は、一九七九年制定の元号法によれば、「皇位の継承があった場合に限り改める」（第二条）ので、いわゆる一世一元制度、つまり就任した天皇の死亡までを一つの年号で通すという方法をとっています。だから今の明仁天皇が生きている限り「平成」は続きます。となると、「平成七二年」とは、一九三三年生まれの現天皇が「一二七歳」になる年です。

こんなありえないことを平気で書いているその思考回路に驚いたのですが、公文書は元号で記すという公務の蓄積が、長らくなじんできた「昭和」から、なじみの薄い「平成」に代わってからも衰えることなく続けられた結果でしょう。厚生労働白書は「平成七二年」の隣にカッコ書きで（二〇六〇年）と添え書きしていますが、公文書としてはむしろ異例です。

元号法を制定したとき、「その使用を国民に義務づけるものではない」という政府答弁はありましたが、公文書は原則として元号のみを使用してきました。国民が提出する文書にも、事実上、元号使用が強制されています。そういう文書を提出するとき、私は印刷済みの元号に二重線を引いて西暦（というより世界暦）で記入していますが、これは私のオリジナルではなく、作家の木下順二さん（二〇〇六年没）が、あるエッセイで、「昭和」という元号が出てくるといちいち墨で塗りつぶしてきたと述懐していたのを参照したからです。元号は、死亡した天皇に送られる戒名みたいなものなのですから。

「一世一元」はニューフェイス

元号という制度は古くからあり、『日本書紀』では「大化の改新」（六四六年）のときの「大化」が最初とされていますが、『日本書紀』や『古事記』などの当時の歴史書は信憑《しんぴょう》性に欠けるところが多く、したがって元号がいつから始まったかは、いまだにわかっていません。ただ、天皇の在位期間中に元号を変えないという「一世一元」制は、明治からのものです。江戸時代までは、天災などがあると「人心一新のため」とか言って改元したり、逆に天皇が代わっても同一の元号を使用することもあったなど、確定した原則はありませんでした。「明治維新」で将軍制度から天皇制度に権力機構が変わったとき、これを「ご一新」と呼んで年号制度も「一新」して天皇制に直結させるべく、明治維新政府は、「慶応四年九月八日（一八六八年一〇月二三日）」に元号を「明治」と改めるとともに、「今より以後、旧制を革易し、一世一元、以《もつ》て永式と為《な》す」という「改元の詔《みことのり》」を発して「一世一元」制度をスタートさせました。それから二一年たった一八八九年に「大日本帝国憲法」を制定して、これが通称では「明治憲法」と呼ばれ、その憲法と同時に制定された皇室典範で、「践祚《せんそ》の後元号を立て一世の間に再び改めざること」（一二条）と定めて、一世一元制を法的にも確定しました。

こうして明治、大正、昭和と続き、「昭和二〇年」の一九四五年、日本は敗戦し、一九四七年五月三日、日本国憲法をスタートさせるとともに、皇室典範も大きく変更して、一二条のような規定はなくなり、元号制度は法的根拠を失います。ところが、公的にも社会的にも使いなれてきた元号は簡単には廃《すた》れず、公的にも日常生活でも生き続けてきました。私は一九四二年生まれの「戦前派」ですが、ものごころついた三歳のときはもう戦後で、元号を使ういわれもないのに、家庭でも学校でも「昭和一七年生まれ」と言われ続けてきました。昭和が長かったせいもあって単に「一七年生まれ」で通用する場合も少なくありません。しかし、昭和といっても、一九四五年までの「昭和」が背後に置いていたのは、主権者にして統治権の総攬《そうらん》者である天皇という制度であり、法的にも強固なものだったのに対して、一九四五年以後の「昭和」はまるでその意味と意義を別にしているはずです。法的には根拠のない制度となりました。「昭和」が終わりそうだというので元号をなんとか法的制度にしようと元号法案が提出されましたから、激しい反対論が起こったのも当然でしょう。にもかかわらず昭和生まれの人々はなお「昭和」に慣れ親しんでいます。「平成」になってからはどうでしょう。

元号制度の政治的社会的機能

一つの元号でくくられた各時代の社会風潮を、明治は「ハイカラ」、大正は「ロマン」、昭和は「モダン」と言い表すことがあります。各時代の天皇統治のありかたが社会的影響を与えた結果だとするなら、一九四五年までは天皇主権だからありうる話でしょう。しかし一九四五年以後も「昭和」や「平成」に同様の意味合いがあるとするなら、それは天皇制度の運用が憲法通りに、政治的にはまったく意味のない、ただの名目的な役目しかない存在、という扱いをしていないからだ、といえなくもありません。先代の裕仁天皇には戦争責任が常に問われていたのに対し、後任の明仁天皇には「戦後憲法」を意識した言動があって、両者に対する評価はかなり異なるようですが、憲法の見地からいえば、そういう天皇の個性が意味を持つ制度であってはならない、ということを見落としてはなりません。

近年「昭和レトロ」がはやりです。どうやら昭和の終焉《しゅうえん》とともに開始されたバブル崩壊で人間味を失ってしまった日本社会に疑心を抱きつつ、それまでは「古き良き時代」だったなと回顧(retrospect)する対象を、単に「昭和」と呼んでいるにすぎないだけなので、目くじらを立てることもないでしょうが、ただ、そこには一九四五年の本質的転換までスキップされている可能性もあるようで、だとすれば憲法からは大いに問題でしょう。

各時代のシンボルネームは各時代が終わった後にネーミングされます。「平成」は七二年がありえないように有限で、まもなく終焉します。その後に日本社会は、この時代をどう扱うのでしょうか。

3 どこかが攻めてきたら武力で自衛しなければ……

——非軍事平和主義の核心

米軍が乗り込んでいった、土地勘もない言葉もわからないアジア・中東・南米などの地で、現地の人のちょっとしたしぐさが理解できずにおびえた米兵が、その人を射殺してしまう——こういうシーンは映画でもしばしば取り上げられてきました。トム・クルーズ主演のベトナム戦争映画「七月四日に生まれて」、ジーン・ハックマン主演のソマリア戦争映画「エネミー・ライン」などです。武器・武力を携えて緊張の場にのぞめば、対話より先に殺戮《さつりく》が生まれます。話せばわかることなのに、なまじ武器があるから、恐怖と不安から殺してしまうのでしょう。しかし失われた命は永遠に戻りません。あとに残るのは、殺した側の自責の念と、殺された側の怨嗟《えんさ》だけです。アーウィン・ウィンクラー監督のイラク戦争映画「勇者たちの戦場」でも、やたら現地人を殺してきた米兵が、帰国後社会生活に戻れない実態を、克明に描いていました。ベトナムでもソマリアでもイラクでも、侵攻した米軍は、こうして大量の現地人を殺戮し、みずからも肉体的・精神的後遺症に苛《さいな》まれてきています。

正しいことくらい強いものはない

憲法九条が決めたことは、実にシンプルなことで、もう戦争はしない、そのためにもう戦力、つまり軍事力は持たないし、交戦権も認めない、という単純なことにすぎません。いまも盛んな「そんな丸腰でこの危険な国際社会を生きていけるはずがない」という批判は、憲法制定当時もありました。

しかし、この憲法をやさしく説明した憲法制定時の文部省（今の文科省）が中学社会科教育のために配布した『あたらしい憲法のはなし』は、「みなさんは、けっして心ぼそく思うことはありません。日本は正しいことを、ほかの國よりさきに行ったのです」とさとした上で、「世の中に、正しいことぐらい強いものはありません」と「はなし」ていました。

憲法に守ってもらう自衛隊

ところが、一九五〇年に朝鮮戦争が勃発し、在日米軍七万五〇〇〇人が出動すると、それを埋めるように同数の部隊を日本に作らせるという米国の命令で、「再軍備」が始まります。ただこれは、憲法九条という「正しいこと」がデンと睨《にら》んでいるから大変でした。その憲法九条は占領米軍が強く求めて制定した条項です。かくして、本当は軍隊だが、憲法が睨んでいるので、警察「予備隊」と「呼びたい」となりました。警察力なら憲法違反にはなりません。しかしこの部隊が一九五四年に自衛隊に「成長」するころは、もう言いつくろうことができなくなって、いっそ憲法の方を変えてしまえ、と、一九五五年総選挙と五六年の参院選挙は九条改憲の是非が争われ、改憲派は合同して自民党を作り総結集しましたが、護憲派はふんばって、三分の一の議席を死守しました。

改憲に失敗した自民党政府は、憲法の解釈を変えます。九条の下で日本は、戦争はしないし戦力＝軍隊も持たないが、独立国家なら憲法に書いてなくとも「自衛権」があり、だから「戦力に至らない自衛力」なら違憲ではない、と理屈を付けて、自衛隊を育ててきました。今も続くこの「自衛隊」という命名には、だから、自民党政府が自らかけてきた「憲法による規制」という意味あいがあって、自衛に徹する、しかも軍ではない隊だ、レスキュー隊とか消防隊の親戚だ、というわけです。かくして、持っているのも戦車ではなく特車だ、駆逐艦ではなく護衛艦だ、はたまた戦闘服でさえ「作業服」だ、と言いつくろってきました。九〇年代から始まる自衛隊の海外出動も、派兵ではなく派遣だ、海外出張だ、戦闘地域には決していかないと約束してきたのです。

一九九二年、自衛隊は、カンボジアPKOに本格的出動を命ぜられました。出動後の自衛隊宿舎には、隊員が書き残したらしい、「憲法で守ってもらう自衛隊」という川柳があったそうです。あるいは、海上自衛隊六〇周年記念のキャッチコピーは「誰とも戦わないために、誰よりも強くなる」でした。「戦わない」ことが眼目となったこういう構えは、憲法九条の睨みによるものにほかなりません。

そこが手ぬるいとばかりに「自衛」隊をはっきりと「国防」軍、つまり「国益」をかけて殺し合う「軍」隊にする、というのが、自民党が二〇一二年に発表した「日本国憲法改正草案」(以下、自民党改憲案)です。しかし、敵国を想定して身構え出動するとなると、相手よりも強くならなくては「安全」ではないし、「安心」もできません。

安心のための「抑止力」

いつもセットで語られるこの「安全」と「安心」のことはⅣの8でも触れますが、「安全

(safety)」を脅かすのは具体的な「危険」、「安心（security）」を脅かすのは主観的な「不安」です。日米安全保障条約の「安全保障」はsecurityの翻訳ですが、よくよく考えると、どこからか攻撃してくる、かもしれないという「不安」があって、この不安をなくすために米国と軍事条約を結んでいるわけで、これがあるからといって具体的にもう「安全」であるとは限りません。日米安保条約が「日本を守る」とは限らない、となればなおのことです。

「安全保障」条約は、「不安対策」を標榜するに過ぎず、あれも不安、これも不安とカウントすれば、主観的な「不安」はふくらんでいきますから、歯止めがありません。これが、軍事力で事を構えることを正当とするときに多用される「抑止力」の論理です。「抑止力」とは軍事力で相手を脅すことにほかなりません。これはそのものズバリ、憲法九条が「武力の行使」とともに禁止した「武力による威嚇《いかく》」にあたります。

憲法の示す「平和主義」は、知恵をしぼって「軍事によらない平和」を求めることにほかなりませんが、最近叫ばれる「積極的平和主義」とは、軍事を強めて相手を威嚇することで日本の主張を認めさせようというものです。「不安」があるので「脅し」をかける悪循環が、相乗効果で高まっていき、やがて殺し合う――こんなおろかなことは、戦争映画だけにしてほしいものです。

「憲法で守ってもらう自衛隊」はこれまで一人の戦死者も出していません。しかしアフガニスタン、イラクの両戦争への派遣任務を経験した自衛隊員には、帰国後精神を病むなどして五四人もの自殺者がでていたことが、最近明らかになりました。日本人の平均的な自殺率の一四倍です――。

4　集団的自衛権と集団安全保障、どう違うのですか？

――「国連による平和」と日本の使命

「第一次世界大戦」は、「第二次世界大戦」が起こったから、さかのぼって「第一次」と名付けられたのであって、最初から「第一次」と名付けられていたわけではない、というのはその通りです。ただ、第一次大戦が起こったとき世界のジャーナリズムでは、「初の世界戦争だ」というので the first world war だと報じた例は少なくありません。こうした報道は、the second を予定していたわけではないのですが、結果的には第一次大戦の戦後処理方法をも原因の一つにして、第二次大戦が起こりました。国連（the United Nations）は第二次大戦に戦勝した連合国（the United Nations）のいわば戦後処理機関として、旧敵国（日独伊三国同盟を中心とした枢軸国）に対決しつつ誕生しましたが、恒久平和をつくり出すための機関という普遍性を担った、文字通り「初の国際機関」としての誕生でもありました。

国連憲章が決めたこと

国連憲章は、これまでの戦争に明け暮れた時代への深刻な反省から、まず一切の戦争を禁止しました。国連憲章は、よく読むと、国連成立の経緯を述べた前文では「戦争（war）」という言葉を歴史的事実として使っていますが、一条以下の本則では、もはや戦争という用語さえありません。戦争に関する規定を置くことが、脱法ハーブのごとく戦争を引き起こすというスタンスです。

その上で憲章は「武力行使」も原則として禁止しましたが、二つだけ例外をおきました。その一つは、国連加盟国が武力攻撃を受けた時は、国連自体が安全保障理事会（安保理）を軸に解決することとし、その一環として国連自体が「軍事的措置」をとる、という例外です。これが国連による「集団安全保障」で、憲章六章・七章が定めていますが、まず国連による勧告、それでだめなら「強制措置」をとるけれど、いきなり軍事力を使うのではなく、まず非軍事的に圧力をかけて、その侵略をやめさせます。いわゆる経済「制裁」がその典型。ただし国連憲章では、「制裁（sanction）」という懲罰的意味の用語はなく、あくまでも「措置（measure）」です。それでも解決しないとき、やむを得ずとるのが軍事的措置で、国連安保理が指揮する「国連軍」が強制する、というように段階を踏みます。なるべく血を流さずに解決したいという精神です。

もう一つの例外は、ある国が武力攻撃を受けた場合に、以上述べた「国連による解決」が間に合わない場合、攻撃を受けた国が反撃することができるという例外、それだけでなく、その国と密接な関係にある国が、攻撃された国を援助し共同して防衛にあたることもできるという例外です。国連憲章五一条が定めた「個別的及び集団的自衛権」のことです。ただし、これは国連による集団安全保障が動き出すまでの一時的・暫定的なものとされていて、国連安保理が「必要な措置をとるまでの間」に限られますし、この自衛権を行使した場合は、「直ちに（immediately）」安保理に報告をしなければなりません。「自衛権」と呼べば何でもできるような議論が横行していますが、国連憲章では、以上のように厳格な規制のもとでの一時的・例外的なものと決めていることに留意してください。

集団的自衛権の怖さ

国連憲章五一条の、特に集団的自衛権の部分は、国連がつくられるときの当初原案にはなかったのですが、弱小ラテンアメリカ諸国が、眼前の大国・米国の侵攻を恐れ、その際には、ラテンアメリカ諸国が結束して反撃する権利が必要だと主張したのを、当の米国が逆利用して、覇権体制実現のために国連憲章にねじ込んだ規定でした。案の定、この「権利」が実際に行使された典型は、米国のベトナム戦争・グレナダ侵攻やソ連のアフガニスタン侵攻などです。「集団的自衛権行使」を安保理に報告したのはこれまで一四回あったといわれていますが、そのほとんどは大国である安保理常任理事国が、同盟国による「反撃」という名で侵攻する口実に使われてきました。

集団的自衛権の実態はこのように、ある国が自分で自分を守る「自衛」とはまるで別の「攻撃同盟」なのです。米国が行う戦争に、本来は無関係な日本が加勢することですので、やくざ世界の「渡世の仁義」と同じだといえばイメージしやすいでしょう。すなわち、「米国組」と杯を交わした「日本組」は、米国組が喧嘩を始めたら、日本とは無関係な喧嘩なのにすっ飛んで行って、喧嘩の相手に対し、「お前さんにゃ何の恨みもございやせんが、杯を交わした渡世の仁義で、お命頂戴いたしやす」と言うわけです。こういうたとえは冗談が過ぎるかもしれませんが、首相も国会答弁で、「米軍がやられているのに日本が駆けつけて助けなければ、日米同盟は破綻《はたん》する」と同じことを言っていました。

集団安全保障と集団的自衛は水と油

集団安全保障と集団的自衛とは似た言葉ですが、似て非なる構造があります。集団安全保障は、国連加盟国間の友好・信頼関係を前提にしており、だから「強制」も段階的で、何とか武力行使にならないよう努力する制度ですから、紛争の火を消すための水でしょう。しかし集団的自衛の方は、あらかじめ同盟を組んでいて、ということは仮想敵がいて、いつ攻めてくるかわからないという不信関係を前提にしており、反撃という「武力行使」をいきなりとるので、不信が不信を増幅させて武力行使・戦闘が連鎖・拡大する可能性が大きいのです。紛争の火に油を注ぐ可能性大でしょう。

以上のような国連憲章の平和構築のシステムも、日本の場合は憲法九条により、どんなケースであれ軍事的にコミットしないという立場をとらなければなりません。なぜなら、国連は第二次大戦の戦勝国でまず組織され、これからは世界平和を脅かす侵略国があれば集団安全保障で、つまり国連自体で解決するという構えをとっており、日本はその侵略国つまり前科者だったのですから、むしろ九条で戦争・戦力を放棄することで国連憲章の目的を先取りしたのです。

国連が、最後には武力で解決するという構えを残したのに対し、憲法九条は、非軍事に徹していて、明らかにズレがありますが、このズレは、国連結成が一九四五年六月であり、広島・長崎の悲劇を見ないで憲章ができた、それに対し憲法は武力行使の究極の地獄を見た、だから非軍事に徹する道を選んだという差異があるともいえるでしょう。

5 最高裁が集団的自衛権行使を合憲と判決した、って本当？

――砂川事件最高裁判決の悪用

号・漱石の含意

夏目漱石の本名は金之助で、「漱石」は、友人・正岡子規からもらいうけた雅号、いまふうに言えばペンネームです。中国・南北朝の宋の時代に著名人の逸話を集めた書物『世説新語』に出てくる「漱石枕流《そうせきちんりゅう》」が出典とのこと。孫楚《そんそ》という晋の学者が、俗世を離れて隠遁《いんとん》したくなり、知人の王済に対し「石を枕に、清流で口を漱《すす》ぐ生活をしたい」と言うのを間違えて、「石で口を漱ぎ、清流を枕にしたい」と言ってしまい、王済に間違いを批判されるや、「いや、石で口を漱ぐのは俗世間の賤《いや》しいものを食べた歯を磨きたいからだし、清流を枕にするのは俗世間の賤しい話で穢《けが》れた耳を洗いたいからだ」と強弁して言い返した、という故事からきています。「漱石枕流」とはしたがって「こじつけて言い逃れる」という意味で、頑固者、負けず嫌いという意味もありました。これを雅号にしたのは一種の自虐ネタですが、時流に流されたくないという漱石一流の「頑固さ」も込められていたに違いありません。

憲法の字面に拘泥しない弁護士？

政府が、六〇年にわたって「集団的自衛権行使は違憲」としてきたのを、二〇一四年七月一日に一片の閣議決定で「合憲」に切り替え、その法案を国会に提出するに至って、さまざまな批判が沸き起こりました。なかでも、違憲か合憲かという問題の専門家集団である憲法研究者からの批判は、特に厳しいものでした。二〇一五年六月三日に呼びかけた憲法学からの専門的な反対声明は、たちまち憲法研究者の九割・二七〇名の賛同を得ましたし、翌四日に衆議院憲法審査会に呼ばれた、自民党推薦の憲法研究者を含む三人（他は民主党と維新の党の推薦）が全員、法案は違憲と表明すると、自民党の「オウンゴール」としても注目され、「違憲法案」という批判が急速に社会的に浸透していき、加えて、憲法解釈をも重要な専門職務とする内閣法制局や裁判所からは、多数の長官経験者や裁判官経験者が、また弁護士会は組織的に一丸となって、違憲法案という批判を展開し、この浸透を強めました。法案が違憲の嫌疑を受けたことが、これほどまでに社会的パワーになったことは、特筆すべきでしょう。社会保障の削減、消費税とその増税、特定秘密保護法の制定などなど、いずれも違憲の批判が出ていたのですが、今度ばかりは社会的に堪忍袋の緒が切れた、ということでしょう。

これに慌てて、たとえば高村正彦自民党副総裁は、「憲法学者は憲法の字面に拘泥《こうでい》する」（六月五日・自民党役員連絡会）とか「国民の命と暮らしを守り抜くのは、憲法学者ではなく私たち政治家だ」（六月一一日・衆院憲法審査会）といった弁護士出身議員にあるまじき非難を憲法学（者）にぶつけました。安倍首相も「国際情勢に目をつぶって、従来の憲法解釈に固執するのは、政治家としての責任放棄」（六月一八日・衆院予算委員会）とまで言い放つ始末。

こうまで憲法や憲法学をスキップするなら、どうして「憲法との整合性」を気にするのか、ですが、さすがにこれはまずいと思ったのか、たとえば高村副総裁は同時に、「憲法の番人は最高裁判所であり、憲法学者ではありません」との非難を新たに加えつつ、最高裁大法廷が五五年も前に下した砂川事件大法廷判決を持ち出して、「憲法の番人である最高裁判所が下した判決こそ、我々がよって立つべき法理であります。言いかえれば、この法理を超えた解釈はできないということであります」といい、この判決が「個別的自衛権、集団的自衛権の区別」をせずに「自衛権」を合憲と認めているから「集団的自衛権の行使は認められないなどということは言っておりません」と言って弁明に努めました（六月一一日）。同じことを首相は、サミット出席先の六月八日記者会見以来、言い続けてもいますので、政府の奥深くで作成されたシナリオがあるのでしょう。

砂川事件最高裁判決を集団的自衛権行使合憲の根拠にするというシナリオが初めて登場したのは二〇一四年三月、自民党内においてでした。しかし与党の公明党が反対して一度は消えた論拠です。ところが他に有効な論理が見つからないためか、苦し紛れに再登場した、というのが真相でしょう。

砂川事件で争われたこと

砂川事件とは、東京の砂川町（現立川市）の米軍基地を拡張するのに反対したデモ隊が、ほんの少し米軍基地に立ち入った行為を、日米安保条約に基づいて米軍を特別に保護するための「刑事特別法」に違反するとして逮捕・起訴した事件です。問題の核心は、日米安保条約に基づく米軍駐留が合憲かどうかにありました。一審の東京地裁（伊達秋雄裁判長）は、一九五九年三月、安保条約という日米両政府の合意による駐留米軍は、憲法九条二項が禁止した「戦力」にあたるとして、安保条約は違憲だから被告人は無罪、としました。ところが、政府＝検察は、いきなり最高裁に上告し（跳躍上告）、最高裁大法廷は本件を「迅速」に審理して、同年一二月にもう判決。日米安保条約のような「高度な政治性」がある条約は「一見極めて明白に違憲無効であると認められない限りは、司法審査権の対象外」としたうえで、安保条約を「一見」してみると違憲無効とはいえず、駐留米軍は憲法が禁じた「我が国自体の戦力」ではないからとして一審判決を破棄し、事件を東京地裁に差し戻しました。地裁の違憲判決に励まされた安保反対運動が、いわゆる六〇年安保を前に高揚し始めたところに水をかけるべく、大急ぎで下された判決にほかなりません。

この最高裁判決は、内容上もその政治的露骨さからも各方面から批判されていますが、ここで重要なことは、争われたのは、旧安保条約に基づく在日米軍が違憲かどうかであって、事件が起こり法廷で争われた五〇年代には、日本の「集団的自衛権」や、ましてやその「行使」などおよそ問題になっておらず、したがって法廷でも判決でも言及さえしていないという厳然たる事実です。判決が「個別的・集団的の区別」をせずに「自衛権」を認めたのだから「集団的自衛権の行使は認められないとは言っていない」ので、「集団的自衛権行使も違憲ではない」と最高裁判決は言っているのだ、という「論理」は、二重三重のごまかしです。「こじつけて言い逃れる」典型といっていいでしょう。

これでは、漱石も驚くに違いありません。ここには漱石のように、時流に流されない「頑固者」という矜持《きようじ》もなければ、「負けず嫌い」といったほほえましさもないのですから。

6 米国は本当に日本を守ってくれるのでしょうか？
――「日米安保体制」の真相

日本の敗戦と米国による占領

日本が連合国との戦争に敗戦し、降伏文書に署名したのは九月二日、東京湾に停泊した米戦艦ミズーリ号の甲板でのことです。その甲板には二枚の米国旗が飾られていました。よく知られているように米国旗は、星条旗（the Stars and the Stripes）と呼ばれていて、文字通り星マークとストライプ（縞《しま》）で描かれています。赤白一三本の横縞は建国時の一三州を表し、左上の星印はその時の州の数を表すので、米国旗は、州が増えるごとにデザインが変わってきました。

ミズーリ号に飾られた一枚は、日本が真珠湾攻撃をした時に米大統領官邸（ホワイトハウス）に飾られていた星条旗（当時は四八州だったので四八星）、もう一枚は、一八五三年にペリーが日本に来航したとき「黒船」に掲げていた星条旗（三一州だったので三一星）です。日本が降伏した相手は「連合国」であり、降伏文書も連合国代表九か国との間で交わされましたが、米主導であったことは歴然で、黒船来航以来九〇年余に及ぶ米国の対日政策が実を結んだ瞬間でした。戦艦名ミズーリとは、当時の大統領トルーマンの出身州であり、この大統領率いる米国こそが戦勝国という演出は巧みです。

敗戦した日本を占領したのは連合国最高司令官総司令部（以下、ＧＨＱ）ですが、最高司令官はいうまでもなく米国軍人のマッカーサーですし、占領にあたったのは数の上でも実権からいっても米軍でした。こうして事実上の米単独占領が始まり、やがて顕在化する東西冷戦で、占領米国は日本を対・東の最前線に位置付けて占領政策を転換しつつ展開します。戦後すぐのさまざまな民主化や憲法制定は米国主導でしたが、憲法制定一年で顕在化した憲法に反する「逆コース」の施策も同じで、日本占領は、米国にとってはアジア政策の一環であり、その政策判断で内容は変わっていきました。

日米安保条約の締結

一九五一年九月、対日講和条約がサンフランシスコで調印されます。しかし東西冷戦が深まるなかでの米国主導によるこの講和会議には、二つの中国・二つの朝鮮はともに招請されず、インドなど非同盟の道をとる三か国は参加せず、ソ連など「東」の三か国は、参加はしましたが、署名はしていません。計四八か国との間で結ばれた講和条約でしたが、日本と戦争関係にあったすべての国と講和するいわゆる「全面講和」ではなく、「単独講和」または「片面講和」でした。

しかしこの条約で米軍による日本占領は終結する、はずでした。ところが、サンフランシスコ・オペラハウスで行われた講和条約署名式の直後に、同市内にある米陸軍基地に日米代表だけが移動し、日米安全保障条約がひっそりと締結されます。日本側は吉田茂首相だけが署名しましたが、同行を迫った池田勇人蔵相に対し吉田は、「この条約はあまり評判がよくない。君の経歴に傷が付くといけないので、私だけが署名する」と言ったというエピソードが残っています。占領は終わったけれど、占領軍は「日米安保条約に基づく駐留米軍」へと看板を替えただけで、そのまま居座ったのですから、

「評判がよくない」のは当然でした。こうした道に反対して「全面講和」を求める声は、日本の論壇・世論にあふれ、その延長で日本の再軍備・自衛隊設置に至る憲法問題も熾烈《しれつ》に争われました。

安保条約の改定と変質

一九五二年四月二八日に発効した日米安保条約は、日本の全土で米軍が基地を設置できるとしており、米軍による日本「防衛」義務もありません。占領の延長が「保障」された条約であり、「米国が日本を守る」条約として生まれたものではないのです。この「片務性」は各方面から批判され、一九五七年に成立した岸信介内閣はこれを「相互性」強化の方向で改定することをめざしました。「片務性」を「相互性」に切り替えるということは、しかし、日本も米国並みに軍事活動を行うことにほかなりません。安保改定案は、「日本国の安全」のみならず「極東の平和と安全」のためとして、米軍が日本国内に自由に基地を置くことを認め（六条）、「日本の施政の下」で日米「いずれか一方」に武力攻撃があれば、これを「共通の危険」とみなして日米共同で「対処」する（五条）としていました。これでは在日米軍がひき起こす戦争に日本が巻き込まれるのは必至でしょう。米軍だけへの攻撃でも日本が「対処」するのは集団的自衛権行使にほかならない、と批判する論者もいました。こうした危険な改定案を岸内閣は、衆議院強行採決で「可決」させたことも手伝って、「安保反対！　岸を倒せ！」を叫ぶ未曽有の反対運動が起こりました。いわゆる六〇年安保闘争です。条約は参議院が空転したまま憲法六一条で六月一九日に「自然成立」しましたが、岸内閣は倒れました。

以後、安保条約は一度も改定されていません。しかし、日米安保体制の運用は、たとえば在日米軍が「極東」の範囲をはるかに超えて中東にまで動いているとか、「日本の施政の下」をはるかに超えたところで日米が共同して「対処」する仕組みをつくるとか、安保条約の枠組みを超えて行われています。

安保条約は5でふれた伊達判決も示したように、憲法に違反しています。その安保条約にさえ違反して安保体制が動いているわけです。違憲の条約に違反するということは、普通ならマイナス×マイナスで憲法に戻ってくるのですが、憲法にいっそう反して動いていくのですから始末が悪い、というわけです。

そんな手法をとっているのは、条約改定を提案すれば、きっとまた六〇年安保のような国民の大反対運動が起こるに違いないというトラウマが、日米政府側にあるからでしょう。ですから、目立つ条約改定ではなく地味な日米政府間「合意」で進めています。その典型が三度にわたって政府間のみで合意された「日米防衛協力の指針（ガイドライン）」です。米国がベトナム戦争で敗戦し東アジア戦略をたて直した直後の一九七八年に合意したのが最初であり、冷戦が終結して日米安保条約の存在理由さえなくなったというのに、これを「再定義」した一九九八年が二度目、そして、米軍につき従って世界に自衛隊が出ていく三度目の転換が、二〇一五年四月二七日に合意されました。

時を追うにしたがって、在日米軍は「日本を守る」ことなど縁遠くなっていき、自衛隊の対米協力が増大しています。在日米軍は日本を守るためにいる、と思うのはもはや幻想でしかありません。

7 「日米同盟」を言い始めたのはいつから？

——野放図な運用拡大のキーワード

日本で新しい首相が誕生すると、しばしば訪米して大統領などにあいさつします。口の悪い人は首相の「米国参勤交代」だと皮肉っていますが、言いえて妙でしょう。「参勤交代」と言われていますが、この制度を定めた「武家諸法度《ぶけしょはっと》」（一六一五年）では、参って「覲《まみ》」える「参覲」交代です。「覲える」とは目下の者が目上の者に会うことですので、この方がやはり正確な表現でしょう。日本の首相が戦後は米国の「藩」のように扱われている皮肉が、この言い回しには込められています。

「日米は同盟」と明言した首相訪米

古い話ですが、一九七八年末に首相になった大平正芳さんは、翌年のゴールデンウィークに訪米し、当時のカーター米大統領と五月三日に首脳会談をしました。憲法記念日の日本の各紙は、その前日二日に行われた米大統領主催の歓迎レセプションのことをトップ記事にしています。なぜなら、レセプションの場で大平首相が、大統領への返礼スピーチで、例によって「あーうー」をまじえながらも、明確に「米国は日本にとってかけがえのない同盟国」と発言したからでした。朝日新聞は、その「同盟国」のくだりを聞いたカーター大統領が「白い歯を見せてにんまりとほほ笑んでいた」と報じてもいます。こうしたことが大きな記事になったのは、日米関係を、日本政府のトップが公的な場で「同盟」と呼んだのは、これが最初だったからです。各メディアは、「今日は憲法記念日」報道を後回しにして、この発言をいっせいに報じました。ただ、レセプション・スピーチということもあってか、さしたる政治問題にはならずに終わっています。

その大平首相は一九八〇年六月に、過労からくる心筋梗塞《こうそく》で急死し、後任には、自民党内の紆余曲折があって、予想外だった鈴木善幸さんが就任することとなりました。この人はもともと日本社会党で一九四七年に衆議院議員になった保守リベラル派の政治家でしたが、日本の首相の役回りなのか、八一年のやはりゴールデンウィークに米国へ「参観交代」しています。相手はレーガン大統領。その出発は五月四日でしたが、前日三日の朝日新聞は、「米側の強い意向により、首脳会談後に発表される共同声明の中で、日米関係の強化を『同盟』(alliance)と表現することが固まった」とスクープ記事を報じました。「日米共同声明に『同盟』の字句が登場するのは初めてで、日本はこれによって『西側の一員』としての立場をより鮮明にすることになろう」と記事は記しています。かくして「今日は憲法記念日」記事は、この年もかなり小さくなりました。

鈴木首相は、「日米同盟」をはじめてうたった共同声明の重大さがあまりのみ込めないまま、外務省のお膳立て通りに署名をしたフシがあります。ところが帰国後、本人の予想を超えた大騒ぎになっているのに驚き、帰国記者会見で、急遽《きゅうきょ》「同盟という表現に軍事的意味合いはない」と弁明しました。しかし「軍事的意味合いがないはずはない」とこれに異を唱えた伊東正義外相が辞任するという事態にまで至ります。「同盟」明記はそれほどの大事件でした。そうした一連の動きを報じた後の五月一〇日付朝日新聞社説は「『同盟』という名の危険な道」と題して「対米追随への懸念」を表明しました。「同盟」と呼ぶことへの重大な懸念が、当時は当然のように語られていたのです。

日米安保条約さえも超える日米同盟

「日米は同盟だ」という表現は、今でこそ平然と使われていますが、一九四五年から五二年までの占領時代はもちろん、占領が終わり旧安保条約による体制が発足した後も、また激動の末に辛《かろ》うじて改定された現行安保条約による体制のもとでさえ憚《はばか》られていました。憲法九条のゆえに戦争もしないし戦力も持たない建前になっている日本が、戦争もするし軍事超大国でもある米国と一体的な「同盟」関係になることなど、日本国憲法からすればありえないはずだからです。

大平・鈴木時代に物議をかもしてまで「同盟」と明言した背景には、一九七八年に合意された「日米防衛協力のための指針」以来、急進展し始めた日米の軍事的一体化、つまり「同盟」化の実態があります。日米安保条約は、六〇年安保反対運動の圧力もあって、在日米軍の行動を「極東」に限定し、日本は「専守防衛」に徹するという基本的枠組みをとりました。ところが、この指針から始まる日米軍事協力の拡大は、この枠組みを超えていきます。日米安保条約に基づく米軍地位協定の枠組みに反してまで、日本が米軍に予算を支出するようになったのも一九七八年からでした。説明のつかないこの予算支出を、時の金丸信防衛庁長官が、とぼけた顔で「だから、思いやりだ」と言い放って以来、「思いやり予算」なる高額の支出が今も続いていますが、ふざけた話です。軍事超大国である米国に対し、日本が「思いやり」をするなど、この用語の使い方には誤りさえあるでしょう。こうしたことを、あたかも当然のごとく思わせるキーワードが「日米同盟」であり、「米国は日本を守ってくれる」のだから「日本も相応の協力をしなければいけない」という理屈でした。しかし米国は自分のアジア戦略に基づいて動いているだけであり、「日本を守る」ことをピュアに考えているのではありません。

かくして一九八一年共同声明を突破口に、その後は中曽根首相の「日米運命共同体」から小泉首相の「地球規模の日米同盟」に至るまで、野放図な日米軍事一体化と運用範囲の拡大がはかられてきて、今日のトレンドになっています。民主党への政権交代も「同盟」にはアンタッチャブルでした。

「同盟」は戦争の引き金

安倍首相は、米軍艦が、救出された日本人を移送している時に某国が攻撃しても、今の憲法解釈では自衛隊が反撃できず同胞を見殺しにすることになるが、それでいいのか、と、集団的自衛権行使容認を訴えました（二〇一四年五月）。しかし、米国民がパスポート発給されるときに受け取る「注意書き」には、「危機に際し米軍が救出してくれると期待するのは、ハリウッド映画の影響です」と書いてあります。米国民でさえ救出されないのに日本人を救出するはずがない――これが「同盟」の真相です。日本は、日英同盟を結んで第一次大戦に、日独伊同盟を結んで第二次大戦に突進しました。日米同盟もまた、と懸念するのは取り越し苦労でしょうか？

8　法案の「公式」命名には要注意
——「平和安全」法という名の厚化粧

名は体を表す？

人の名前を覚えるのが、ずっと苦手でした。加齢もあってか、今はさらにひどくなっていますが、自分では「人名とその人物とには論理的関連がまるでないからだ」と理屈をつけて納得しています。私の名前・英樹は、生まれた年（一九四二年）のころは破竹の勢いだった東条英機首相の名前を一字変えて付けられた、と後年、父から言われました。名前に刻まれた戦争責任だと言いつつ、生涯つき合うことにしています。ですが、この名が私という人間を「論理的・客観的」に表記しているかといえば、さにあらず、「英」才だったからでもければ、大「樹」のような安定感だからでもありません。みなさんの名前はどうですか？　きっと「名は体を表す」、のではない例にあふれていることでしょう。

法律名の効用・機能

国会に上程される法律案の本名は、たいてい長ったらしいので略称をつけて報道されたり議論されたりすることが多いのですが、その命名は、けっこうその法案の帰趨《きすう》を決めることがあるようです。特に国民にとって迷惑な法律、うっとうしい法律、やめてほしい法律となると、提案者はもっともらしい名をつけて成立を図ろうとすることがあり要注意ですが、反対世論が高まり、反対運動が活発になると、法案の危険性に着目した命名が生まれ、これが反対世論や運動を高めていく、という力学が働きもします。古い話ですが一九五八年、岸内閣が、近づく安保条約改定の反対運動を抑え込むためもあって、警察官職務執行法、略称「警職法」を改定して警察権限を強化する法案を用意しましたが、この「警職法改正」に対して反対世論・運動が、これを「おいこら警察復活」法と名付けて急速に浸透させ、大きな反対運動のうねりのなか、ある娯楽系週刊誌でさえ「デートも邪魔する警職法」と命名するまでに至り、ついに岸内閣は法案撤回に追い込まれました。

近年の例では、一九八五年に自民党が議員提案した「スパイ防止法」に対し、批判世論と運動が、これは「スパイ」というダークイメージの存在と行動を「防止」するのではなく、端的に、あってはならない「国家機密」法だと命名して世論・運動を高めて廃案にした、というのがありました。あるいは、一九九九年の「通信傍受法」案も、反対世論・運動がこれを端的に「盗聴法」と名付けて急速に広め、法務省は、この命名の効用を恐れてか、「盗聴法」と呼ばないようにメディアに要請をしたほどです。同法は、成立はしましたが、批判を受けてかなり修正され、辛うじての成立でした。

第一次安倍内閣期に構想され、第二次安倍内閣で提出されてきた、当初は「ホワイトカラー・エグゼンプション」導入のためと、なじみの薄いカタカナで提案された、事務系労働者（ホワイトカラー）の一部に労働基準法が定める労働時間規制を免除（exemption）する労働基準法改定案も、最初のうち世論は横文字に戸惑っていましたが、反対する労働運動がこれを「残業代ゼロ法案」と本質を言い当てる命名をするや、急速に議論の対象となり二〇一五年の第一八九国会では成立が見送られました。二〇一六年から始まる「マイナンバー」制度は、二〇一三年五月成立の「マイナンバー法」に基づく制度ですが、古く一九六八年に佐藤内閣が構想しながら頓挫《とんざ》して以来、何度となく登場した「共通番号制度」のことです。これを、政府が国民の個人情報を一元的に管理するがゆえに監視国家になると警戒・批判してきた流れは、この制度を一貫して「国民総背番号制」と呼んできました。この批判が効いて、構想・法案は何度となく変更されています。ただし、開始に伴う心配は後を断ちません。

以上は、ある法案を批判する側の命名が、的を射て「名は体を表す」ことに成功すると、法案をめぐる攻防にも大きな意味と力を発揮する、という端的な事例。逆にその命名にもたもたしていると、法案の成立にもカウンターパワーを発揮できないことがありえます。先に見た「スパイ防止法」＝「国家機密法」をもっと膨らませたのが、二〇一三年の「特定秘密保護法」でしたが、これを批判する世論・運動は的確な批判的命名を得られないまま、法案成立に至りました。問題法案の成否は、もちろん複雑な政治力学で決まりますが、反対側の命名力もその要素の一つでしょう。

「平安」法案か「戦争」法案か

日本の軍事活動を、これまでの政府のように「専守防衛」にとどめていた限定を吹き飛ばし、飛躍的に拡大するための法律を、政府はまとめて「安全保障法制」と呼んで、準備を進めてきました。「安全保障」というと、なにやら「安全」を「保障」してくれるらしい、というソフトな防御イメージがわきますから、要注意です。そういえば「日米安全保障条約」も、その実態は日米「軍事同盟」条約として生まれました。世界第一位の米国軍事力と組むことで、途方もない「抑止力」にバックアップしてもらい、それで「安全」を「保障」する、というわけです。しかしこの道は、憲法がもうやめようと誓った「武力による威嚇」にほかなりません。「抑止力」とは「武力による威嚇」の言い換えと見抜くべきです。

「安全保障法制」を端的に「戦争法案」と呼んだのは、社民党の福島瑞穂議員でした（二〇一五年四月一日・参議院予算委員会）。ところがこれに対して答弁した安倍首相は「レッテル貼りで甘受できない」と色をなして反駁《はんばく》し、自民党理事は「印象操作を狙った発言だ」として、異例にもこの福島発言を議事録から削除するように求めました。法案の評価は自由なはずで、結局削除はできませんでしたが、痛いところを衝かれた推進側の狼狽《ろうばい》ぶりがよくわかります。反対運動は以後、まちまちであった法案名を「戦争法案」に統一して批判を強めました。本書もこの名称を使います。

二〇一五年五月一五日に国会提出された戦争法案は、自衛隊法・周辺事態法・武力攻撃事態法など一〇法律を一本の法律で改定する「平和安全法制整備法」案と、新法である「国際平和支援法」案との二本から成りますが、政府はこれらをまとめて「平和安全」法案と命名しました。「安全」だけでは心もとないと見てか、「平和」を入れてぼかしをいっそうはかった命名です。略せば「平安」法ですが、ますます「名は体を表す」ものではないため定着しないままで推移しましたし、この名前で国民の記憶には残っていません。

9 「後方支援」って何なんですか？
──兵站は平坦にあらず、兵端を開く

楊枝をくわえて餓死するのが武士道？

フランスが歴史上、戦争にあまり強くないのは、前線にもちゃんとしたフルコースの食事を届けないと兵士が動かないからだ、というまことしやかな話があります。もし本当なら、破竹の勢いだったナポレオンが一八一二年にロシアを攻め、モスクワ入城まで果たしながら敗退したのは、あの寒さのせい、というよりは、フルコースの食事を兵士らに運べなかったため、ということになり、にわかには信じられません。試しに友人のフランス人に尋ねたら、一笑して否定していました。ドイツ人の友人に聞いたら「それは当たってるね」と答え、「俺たちならジャガイモだけで頑張れるさ」といばっていました。「武士は食わねど高楊枝《たかようじ》」とは、プライドを高く持てと教えているだけであって、武士も人間ですから、本当に食べなければ楊枝をくわえたままのたれ死ぬでしょう。

一九三七年の中国全面侵略から四五年の敗戦までの間、日本軍の戦死者数を、政府は公式に約二四〇万人としていますが、その内訳は明らかにしていません。多くの歴史学者の研究では、戦闘による死亡は半数にも満たず、六割強が餓死者だったとされています。武士道的な精神力ばかりを強調し、補給を軽視した日本軍指導部のもたらした悲惨な結末でした。この補給を軍事用語で「兵站《へいたん》」といいますが、戦前はごく普通に報道等で使われていた用語です。「站」とは物資の集積場のこと。

周辺事態法・テロ特措法・イラク特措法の「後方地域支援」

もともと自衛隊は憲法違反という強い嫌疑を受けながら「戦争はしない、自衛に徹する、軍ではない隊」として辛うじて誕生しました。自衛隊法がいよいよ可決成立するという一九五四年六月二日の参議院本会議では、同時に「自衛隊の海外出動を為さざることに関する決議」が全会一致で成立しています。ですから「海外出動」を行う一九九二年の「国連平和維持活動（ＰＫＯ）等協力法」（以下、ＰＫＯ等協力法）は、この決議との関係もあって激論となり、さまざまな「規制」を盛り込んだ、ことになっています。しかし、兵站にあたる軍事行動を、「後方地域支援」と呼んで導入したのはこの法律でした。

この法案を提出したとき政府は、「後方支援」ではなくて「後方地域支援」だから憲法に違反しない、と盛んに言ったものです。外国軍組織でもあるＰＫＯ部隊が展開する「戦闘地域」の活動を、自衛隊が「後方支援」するとなれば、憲法九条が禁止する「武力行使」にあたるのでこれはできないけれども、「後方地域支援」であれば「後方地域」において「支援」するだけなので「武力行使」ではない、という理屈で説明されていました。一九九七年に日米政府間で合意された「日米防衛協力の指針」でも、日本「周辺」での米軍行動に対する日本の軍事的役割は rear area support、つまり「後方地域」での「支援」とされ、それは「戦闘行動が行われる戦闘地域」とは「一線を画された」地域とされていました。この区分を日本の国内法に持ち込んだのが一九九九年の「周辺事態法」です。ここでは、国連とは関係なく「周辺事態」で戦闘する米軍に対して、「戦闘地域」ではない「後方地域」で自衛隊が「支援」すると定めました。ここでも「後方支援」と言うと「武力行使」になるから

「後方地域」で行う「支援」だから合憲、という理屈です。なんとも言葉遊びの印象はぬぐえません。

支援される米軍にとっては、この言い換えが日本向けであることは先刻承知のことであり、現に、米国との間で一九九六年に締結された「物品・役務相互提供協定」(英文頭文字をとってACSAと略称され「アクサ」と呼ばれます)にはlogisticsという単語が使われ、協定の日本文でははっきりと「後方支援」と書かれています。logisticsとは軍事的には「兵站」のことで、そこには「後方」つまり「うしろの方」という意味あいはありません。前後左右上下のどこからでも行う支援です。

戦争法の「後方支援」

二〇〇一年・テロ特措法によるアフガン戦争、二〇〇四年・イラク特措法によるイラク戦争にも自衛隊は出動しましたが、これらの法律でも米軍への支援は「後方地域支援」と定められ、したがって憲法が禁じた武力行使ではない、とされました。イラク特措法案審議の時に当時の小泉首相が、戦闘地域と後方地域＝非戦闘地域の区別を問われ、「私に聞かれてもわかるわけがない」(二〇〇三年七月)と開き直りの答弁をしたり、この法律に基づく自衛隊出動が進行するさなかでも「自衛隊が活動している地域が非戦闘地域だ」(二〇〇四年一一月)とふざけた答弁をしたりで、要するに「後方支援」ではない「後方地域支援」とは日本向けの用語であり詭弁《きべん》だったのですが、国民的監視とあいまってそれでも「戦闘地域」に近づかない歯止めにはなっていて、出動した自衛隊員に戦死者は出さないですみました。もちろん、「支援」内容は潤沢なものですから、「餓死者」も出ていません。

二〇一五年の戦争法の特色の一つは、政府が平然と「後方支援」用語を使い、法律にも書き込み、その「支援」は「現に戦闘行為が行われている現場では実施しない」とするだけの「区分」に大幅変更していることです（たとえば重要影響事態法二条）。加えて「支援」項目が大幅に増え、しかもこれまではできないとしてきた「弾薬提供」や「発進準備中の航空機に対する給油・整備」等々まで加えたのですから、兵站そのものです。国会審議では、首相や防衛大臣が、提供する「弾薬」とは「武器」とは区別された「消耗品」であり、だから「手りゅう弾」も含まれるし「化学兵器」はおろか「核ミサイル」でさえも「法文上は含まれる」とまで（あろうことか広島原爆投下日・八月六日の前日に）答弁して社会に衝撃を与えました。こうした重大な変更は、法案がまだ閣議決定も国会提出もされていないとき、二〇一五年四月二七日に日米政府間で合意された新しい指針の決定通りでした。

軍事要員は、武器を持って戦闘するだけではありません。食事は必要だし、弾薬も補給しなければなりません。戦闘には必ず相手がいます。その相手は勝つためなら補給路も狙います。というより補給路を断つことが重量なターゲットになるのです。兵站は平坦な仕事ではないし、しばしば兵端を開きます。

サッカーでも、最前線のフォワードだけが攻撃を行うのではありません。フォワードに決定的なパスを供給したり、試合の流れを読んで攻撃を組み立てる中盤の選手（ミッドフィールダー）しだいで勝負が決まることは、中田英寿選手や本田圭佑選手の活躍で素人にもよくわかりました。だから彼らは、相手チームに徹底的にマークされ攻略のターゲットになったのです。

10 殺し殺されることのない世界を創るには?

――非戦と国民主権の関係

あるヒット曲の含蓄

「♪わかっちゃいるけどやめられねぇ」という歌詞は、どこかで聞いたことがあるでしょう。一九六一年に「ハナ肇とクレージーキャッツ」がヒットさせた曲「スーダラ節」の決め台詞で、ボーカル・植木等がサラリーマン生活を自虐調で歌い、人々の心に残ったセリフです。クレージーキャッツというグループは、そのお笑い路線で一世を風靡《ふうび》しましたが、もともとは一流アーティストがメンバーのジャズ・バンドでしたし、その多くのヒット曲は、青島幸男が作詞し、萩原哲晶が作曲した作品でしたから、この曲も、単なる開き直り、だけではない含蓄の深い歌なのですが、ここでは立ち入りません。ただ、健康には良くないとわかっちゃいる「はしご酒」も、面白くない世の中ではなんだかんだでやめられない切なさが滲《にじ》んでいて、それが一九六〇年安保改定を食い止められなかった時代に投影して、国民的な自虐ネタとなって社会的に受けた、という面がありそうです。やはり含蓄の深い歌なのでしょう。

憲法九条を成立させた要素

その六〇年安保改定にあれだけの国民的反対が巻き起こったのは、戦後まだ一五年しかたっていないときに、「極東」地域を原因とする軍事紛争に日本がまたも関わっていくことへの懸念でした。

いうまでもなく、この憲法は、あの悲惨な戦争の時代をくぐり抜けただけに、徹底して平和な日本をつくるための決意を、随所で定めています。その典型が九条であることは、多くを述べる必要がありません。政府に戦争を二度とさせないために、憲法は、「戦争」も「武力の行使」も「武力による威嚇」もすべて放棄し、この目的を実現するために、一切の軍事力の保持を禁止しましたし、戦争するには国際法上必要となる交戦権までも否認しました。憲法のいう通りにすれば、戦争する権利も道具もないのだから、戦争をしようにもできません。

この徹底した非軍事平和主義は、敗戦国日本が、世界から非難を浴びて武装解除された当時の現状を、そのまま描いた規定でもありました。後に日本を再武装させることになる米国も、憲法を制定させた時には、日本の軍国主義をともかく解体するために、この規定を「押し付け」たのです。

そのかわり、日本敗戦の四か月前に、激しい戦闘の末に占領を開始した沖縄だけは、日本と日本国憲法から切り離し、直接軍事占領統治の下において、全面的な米軍基地用の島に改造してしまいました。このやり方は、当時の戦後処理原則や国際法に反しています。しかし、新憲法でもはや主権者でなくなり、一切の政治的行為ができなくなったはずの裕仁天皇が、あたかも日本政府の政治的トップのように一九四七年九月、沖縄をこのように取り扱ってほしいと総司令部に依頼したということも手伝って、事実は粛々と進行しました。これ以後沖縄を、本土とは別に扱う歴史が続き、一九七二年の沖縄返還後も異常な米軍基地の島として今日に続いています。平和憲法は、沖縄を見捨てることで成立した、ともいえるこの事実は、これを原点に今日の沖縄問題が起こっているだけに、あらためて立ち返るべきことでしょう。辺野古の新基地建設にオール沖縄が反対している背景には、こうした七〇年以上に及ぶ歴史が横たわっています。

「戦争の惨禍」を起こさせないための国民主権

ところで、平和への決意のことを、憲法は、前文冒頭で、「日本国民」が「政府の行為によって再び戦争の惨禍が起ることのないやうにすることを決意」したので「この憲法を確定する」と述べていますが、この二つのセンテンスの間に、「ここに主権が国民に存することを宣言し」という一文を入れています。つまり「政府の行為」で「戦争の惨禍」が起こることがないようにするためには、国民主権でやらなければならない、といっているわけです。平和のために、憲法は、確かに九条で、戦争と軍事力をすべて放棄すると決めました。と同時に憲法は、平和のために、自由な国民が日本という国家の意思を決定する「国民主権」の樹立を強く訴えていることも見落としてはなりません。

本当に国民が自由に考える理性的な主権者であれば、国民は、自分たちも他国の人たちも不幸になる戦争など望むはずがないから、「政府」が戦争を企てようとしても「国民」がそれを食いとめるはずだというのが、戦後憲法、平和憲法のもう一つの構えなのです。

九条に込められた決意は、「戦争しない、軍事力を持たない、交戦権は認めない」という拒絶の決意です。というより、戦争できる条件を外から奪ってしまって戦争をしようにもうできないようにする受動的な規定ともいえましょう。しかし、自由で理性的な主権者が政府に戦争をさせないという「国民主権」の方は、「国民がきちんと主権者になって、政府に勝手をさせないよう監視もするし行動もする」という能動的な決意です。

このように考えると、こちらの方が、平和にとっては、しんどいけれども、本筋だということがわかります。すぐに棒切れを持って人に喧嘩《けんか》を売る乱暴なやつに対して、暴力を使わせないためには、そいつの身のまわりから武器をとりあげるのが、手っ取りばやいし、簡単といえば簡単です。誤解を恐れずいうなら、これが憲法九条という装置です。同時に、自分の要求のために他人に暴力をふるうことがいけないことを、そいつに説いてわからせることのほうが、しんどいけれどももっと確かな方法でしょう。そのことを憲法は、前文に書き込んでいました。

軍事的に「身構える」だけが平和の道か

憲法のこの崇高な精神と方向を、荒唐無稽《こうとうむけい》な理想論と揶揄《やゆ》し、現実はそんな甘くはない、中国や北朝鮮の実態を見れば「安全保障環境の急激な悪化」は明白だ、等々と言い立てて、もっぱらその「環境」に軍事的に身構えるだけで、その「環境」自体を緩和・改善する方策にはほとんど関心を寄せないのが、日本政府の「外交政策」ではないでしょうか。これを「わかっちゃいるけどやめられねぇ」と自虐するなら、本当に「わかっちゃいる」かどうか、思考停止していないか、きっちり「わかる」のが先決でしょう。

11　沖縄県が基地問題で国と対立していますね

――苦悩の「記念日」から見えるもの

人にはそれぞれ忘れがたい日、忘れたくない日があります。大切な人の誕生日はその典型。誕生日が来たのにうっかり忘れていると、「大事な人」でなくなったのでは、とトラブルのもとになります。結婚記念日も似たところがあるでしょう。人が亡くなったとき、葬儀を仏式で行うことが多い日本では、「命日」という仏教語でこの日を表現しますが、この日も忘れがたい日に違いありません。こうした記念日が家族単位、集団単位、地域単位、国民単位で記憶されることもよくあることです。

念願のマイホームを購入して引っ越した日は、小さいとはいえその家族という単位にとって重要な記念日かもしれません。日本国民という大きな単位にとって、たとえば八月六日・九日や一五日は、忘れがたい日、忘れてはならない日の代表例でしょう。地域単位でも、その地域特有の歩みに即して忘れがたい日、忘れたくない日、忘れてはならない日があります。

現代の5・15事件

二〇一五年五月一五日、安倍内閣は、日本の軍事法制を大転換させる法案を国会に提出しました。五月一五日といえば、ちょうどこの一年前に、安倍首相が、首相お好みの面々で構成した私的諮問機関から報告書を提出させ、受け取った直後の記者会見で、この大転換を図る「決意」を表明した日としても、記憶に残った日でした。軍事が政治の軸となる戦前日本の引き金となった一九三二年の事件になぞらえて、この記者会見や一年後の法案提出を「現代の5・15事件」と呼ぶ論者もいます。

ただ「5・15」には、一九七二年五月一五日以来、沖縄が日本に復帰した記念日という厳粛な事実があることを忘れてはなりません。アジア太平洋戦争末期、沖縄は、日本政府と日本軍によって「本土決戦」に必要な捨石とされたという経緯があり、だからこそ沖縄県民は、憲法九条のある日本に復帰したこの記念日に、熱い思いを抱き続けてきました。あろうことかその5・15に、本土の政権が九条とは正反対の道に舵《かじ》を切ったのですから、沖縄県民の落胆と怒りは格別に違いありません。

4・28沖縄デーに再度の屈辱

五月一五日に国会提出した戦争法案は、ほどなく国会審議にかけられましたが、それより先に米政府に対して首相が、法案の成立を、しかも「夏までに」と期限を切って「公約」したことが、大きな問題になりました。四月二九日に首相が米国議会で行った演説のことです。おまけに、四月二七日にサインされた「日米防衛協力の指針」という両政府間の合意文書には、まだ審議もしていない法案の内容があけすけに書き込まれていましたから、二重三重に日本の国会、したがって主権者国民はコケにされていました。

そうした一連の日米政府の動きのなかで、沖縄県民がひときわ重く受け止めたのが、四月二八日に行われた日米首脳会談です。この会談では、前日の指針合意をたたえ合ったうえで、安倍首相が「辺野古移設が唯一の解決策という日本政府の立場は揺るぎありません」と切り出し、オバマ大統領からは「沖縄の負担軽減に引き続き協力していく」旨の応答があって、にこやかに握手をしています。世界で最も危険とされる普天間基地という沖縄の「負担」を「軽減する」として、新たに名護市・辺野古に巨大な新米軍基地を建設するという計画は、オール沖縄が明確に反対していました。

　その反対を知りながらにこやかに会談した四月二八日という日もまた、沖縄にとって格別の日です。4・28とは、旧連合国（の一部）と敗戦国日本との間で結ばれた「平和条約」により戦争関係を終わらせ、日本が「独立」したとされる一九五二年の記念日ですが、この条約の三条により、沖縄は引き続き米軍支配下に置かれた日でもあり、祖国日本が沖縄をまたも見捨てた日でもあるわけで、以来、4・28は、屈辱の「沖縄デー」としてさまざまな運動が取り組んできた記念日です。よりにもよってこの日に、オール沖縄が反対している辺野古基地建設を、首相と大統領が笑顔で再確認しているシーンは、特に沖縄県民の気持ちを逆なでするに十分でした。ついでながら、二〇一三年の4・28には、発足間もない安倍政権の肝いりで「主権回復」を記念するとする式典が行われましたが、沖縄のことは完全に無視されていました。招かれた沖縄県知事は出席せず、当時那覇市長であった翁長《おなが》雄志《たけし》現知事は、この式典に激怒し、以後、安倍政権と距離を置くようになったといわれています。

6・23もそそくさと

そして6・23です。アジア太平洋戦争末期の一九四五年四月一日から始まった米軍の沖縄本島上陸攻撃は、沖縄を激烈な地上戦の修羅場とし、二〇万人以上の住民が殺されました。投降を禁じた日本軍によって殺害された住民も少なくありません。こうした悲惨な戦闘の終結日を六月二三日と定め、「慰霊の日」としてきたのが沖縄であり、沖縄にとっての「終戦記念日」は6・23です。

その6・23のちょうど七〇年という節目の式典で、辺野古基地建設に反対する翁長知事は、異例にも悲痛な抗議的式辞を述べました。これに対し安倍首相の式辞は、無味乾燥で通り一遍の「哀悼の誠」を表明しただけで、知事との会談も形式的な挨拶で済ませ、そそくさと東京に引き上げています。その前日六月二二日に、戦争法案を何としても「成立」させる目的で、国会の大幅延長を強引に決めさせた直後のことでしたから、その後の対応策に追われてか、早々に沖縄を退散したのだろう、といわれもしました。

沖縄だけの記念日か?

5・15も4・28も6・23も、沖縄にとって忘れがたい日、忘れたくない日、現に忘れない日の代表例です。しかし、これらは沖縄だけの日ではありません。これらの日が歴史に刻まれた経緯を思えば思うほど、日本全体にとって忘れてはならない日のはずです。ところがこうした記念日をあたかも忘れたかのように中央の政治は進められてきました。

これがただの忘却ではなく、意図的な軽視だったとすれば、沖縄を足蹴にする日本政府という構図は、まったく変わっていないと言うべきでしょう。

2015年８月30日、戦争法案に反対し国会をとりまく大勢の人々（毎日新聞社）。違憲立法だとして多くの国民が反対した同法案は９月19日に成立したが、世論調査では過半数が反対していた。３～10参照

1967年７月、ベトナム戦争中の米軍兵士（毎日新聞社）。アメリカは、南ベトナム（当時）の内戦状態を北ベトナム（同前）との戦争だと断じ、集団的自衛権の行使を口実に介入した。４参照

Ⅱ　一回しかない人生を
心豊かに生きる道

2015年３月、渋谷区役所前で同区での全国初の同性パートナーシップ条例成立を喜ぶ同性カップル（ＡＦＰ＝時事）。５参照

1 「個人主義」って「わがまま勝手」なこと？

――個人 individual の原意を読み解く

みんなちがって、みんないい

薄幸の詩人・金子みすゞ（本名テル）の代表作「わたしと小鳥とすずと」は、心にしみる詩で、さまざまなしがらみから「同調」を強要されたときなど、何度も読んでは叱咤激励《しったげきれい》されてきました。それにしても戦前の家制度のもとで苦闘し、生き疲れてか一九三〇年、二七歳の若さで自死することになる金子が、これだけのみずみずしい境地をわがものにできた力は何だったのでしょう。

この詩は、憲法の講義や講演で、一三条が保障する「個人の尊重」のスピリットを見事に伝える詩としてよく紹介してきました。「わたし」を「小鳥」や「すず（鈴）」と対比して、それぞれができることとできないことを示したうえで、「みんなちがって、みんないい」と締《し》める感性は、「個人の尊重」の憲法精神を、たった数行で言い当てているからです。「個人」がないがしろにされていた時代に書き遺した、凛《りん》とした感性の表明であるだけに、感動をこえて驚愕《きょうがく》すら覚えます。

個人とは英語で individual。これはとても意味深い言葉で、「分ける（divide）」に否定の接頭語 in を付けた合成語が元になっています。さまざまな人間たちで構成される「社会」を、分けて、分けて、分けていくと、最後に、これ以上分けようとしたら一人の人間を解体するしかない地点、逆に言えば社会を構成する最小単位にたどりつきます。これを近代西欧文明は individual と名付けました。社会を構成する、これ以上分けられない単位。だから、「個人」は、「社会」が前提となっています。

西欧における「近代」の始まりは、長いあいだ封建的拘束や宗教的呪縛にとらわれていた人々を、人間として解き放つために取り組まれたルネサンスや宗教改革が出発点ですが、このあたりからindividualという言葉が時代を切り開くキーワードになりました。めぐりめぐって日本国憲法は、この「個人の尊重」を、さまざまな基本的人権を定めた第三章の最初の方の一三条に置き、近代憲法の正統な流れに立つことを示すことになります。

「個人主義（individualism）」というと日本社会では、しばしば「自分勝手」に近い意味合いを持たされてきました。学校のクラスでも町内会でも「あいつはみんなで決めたことを守ろうとせずけしからん、個人主義だ」といった具合です。しかし「個人主義」というのは本来、社会を構成する基本単位に「個人」を置き、「個人」を起点とし帰点とする考え方のことにほかなりません。社会を構成する人々は、誰一人として同じではなく、声も違えば顔つきも違う「個性」の持ち主です。その個性の違いを互いに承認して共に生きる知恵が「個人主義」でした。

だからこそ、「みんなちがう」ことを確認し合い、しかし「みんないい」と認め合う詩の感性に、「個人の尊重」規定の深淵を見てとることができます。金子はきっと、個人主義が「自分勝手」になってしまう「日本社会」への違和感に苛《さいな》まれつつ、この詩を書き上げたにちがいありません。

では金子を苦しめた「日本社会」は、この憲法のもとで衰え退場し、「みんなちがって、みんないい」社会が確立してきたでしょうか。そうでないことは、憲法が施行されてから二〇年以上もたつ一九六八年に新川和江がうたった「私を束ねないで」、さらに四〇年以上もたつ一九九九年に茨木のり子が九三歳でうたった「倚《よ》りかからず」などに明らかです。

「人として尊重」？

　二〇一二年に発表された自民党改憲案は、基本的人権を定める第三章で、のっけに「自由及び権利には責任と義務が伴うことを自覚し、常に公益及び公の秩序に反してはならない」とすごんでいます（草案一二条）。この条項で全人権条項に投網を掛けるのですから、これはもう近代憲法ではありません。そして一三条の「国民は、個人として尊重される」という規定は、さりげなく「人として尊重される」と変更するよう提案しました。自民党案を解説する『日本国憲法改正草案Q＆A』（二〇一二年初版、二〇一三年増補版、以下『Q＆A』）にも、この点の「解説」はありません。「個人」を「人」にしただけだから、たいした変更ではない、と言いたげです。

　しかしこの『Q＆A』をよく読んでみると、「現行憲法の規定」には「西欧の天賦《てんぷ》人権説に基づいて規定されている」ものがあるので、「こうした規定は改める必要がある」、なぜなら「権利は、共同体の歴史、伝統、文化の中で生成されてきたもの」だから「我が国の歴史、文化、伝統を踏まえたもの」でなければならないという「説明」に出会います。その上で「個人が人権を主張する場合に、他人に迷惑を掛けてはいけないのは、当然のこと」とも「説明」していました。

　自民党案はどうやら、「西欧」発祥の権利とか自由をやめて、日本的な「共同体」の中で「生成」

してきた「他人に迷惑を掛けない」範囲での「権利・自由」に取り替えたいとアピールしているようです。西欧発祥の基本的人権も、「自分勝手」なふるまいのすべてを、権利だ！　自由だ！　と叫んできたわけではありません。人を殺す「自由」は自由権ではないし、他人の人格を傷つける「表現」までも権利とは考えていません。「人権の限界」があるとすれば、それは、近代憲法発祥の文書・フランス人権宣言（一七八九年）にあるように、「自由とは、他人の権利に反しないすべてのことをなしうることに存する」（四条）のです。

自民党案を背後で支えている考え方は、これとは異質です。「他人に迷惑を掛けてはいけない」範囲内に押し込めますから、たとえば「表現の自由」という権利を使って街頭デモをするのは、交通渋滞になれば「迷惑」でしょうし、鉄道や旅客機の労働者がストを打つのも乗客に「迷惑」を掛ける、だから控えようというに等しいでしょう。

ややどぎつい言い方をすると、近代憲法の権利や自由は、他人や社会に「迷惑」でもそれを認めましょう、というところに核心があります。限界があるとすればそれは他人の権利と衝突するときで、それは個別に調整しましょう、という構えです。

「個人の尊重」をやめ、べっとりと「人の道」を説く自民党案は、「近代憲法なんてもうやめようよ」と囁《ささや》いているかのようです。「近代に疲れた社会」がこれを支持するだろう、とでも思っているのでしょうか？

2　私たちが生きることを憲法はどう考えていますか？

——life の権利をめぐる設計図

3・11が奪った生命・生存・生活

3・11大地震は、一・五万人以上という膨大な「生命」を奪いました。これに行方不明者二千六百余人と、震災関連死二千七百余人を加えれば「約二万一〇〇〇人の犠牲者」とされています。「生命《いのち》」からがら辛《かろ》うじて「生存」できた被災者も、しかしもとの「生活」に戻る道はほど遠く、途方に暮れる日々が続いています。特に原発事故による内部被曝《ひばく》者や避難生活者の絶望的な怒りは、想像を超えて言葉になりません。二〇一三年度後半のNHK連続テレビ小説「あまちゃん」は、3・11で突然に、しかも理不尽に奪われた「生命・生存・生活」という巨大なショック、そこから立ち上がる東北の人々の心意気、それを支える全国的な絆《きずな》をも描いて感動的でしたが、しかし見事な宮藤官九郎シナリオでさえ、原発被害を描くことは慎重に避けていました——。

ところで、ここに出てくる「生命」「生存」「生活」というキーワードは、いずれも日本国憲法が明文で保障している「権利」です。まず憲法一三条は「生命」の権利をうたい、「自由」及び「幸福追求」の権利とともに、国政上「最大の尊重を必要とする」と定めています。そして二五条では、「健康で文化的な」という水準内容を示した「生活」を営む権利を定め、「すべての生活部面」におけるこの権利のための諸施策の「向上及び増進」を国の「責務」としました。二五条のこの権利は、一般に「生存」権といわれていますが、よく見ると、二五条には「生存」という言葉、「生きるか死ぬか」的なサバイバルな語感を伴う用語はありません。「生存」を権利と呼んだのは、憲法前文での、「平和のうちに生存する権利」です。この平和的生存権は、戦争に関わらない、戦争を食い止める権利として注目されてきましたが、「恐怖と欠乏から免かれ」ての「生存」という前文の規定には、大規模自然災害の「恐怖」と、それがもたらす「欠乏」によって脅かされる「生存」のイメージが重なってもいます。

英語文からわかる日本国憲法の真意

憲法の意味あいを探るさいに、その部分を英文憲法ではどう言っているかが参考になることがあります。というのも、日本国憲法は、米国主力のＧＨＱがイニシアティヴをとって制定されましたから、英文の表記がその真意を示していることがあるからです。よく知られている例としては、九条が保持を禁止した「陸海空軍その他の戦力」は、英文では“land, sea, and air forces, as well as war potential”ですので、「戦力」という用語は、war potential すなわち戦争を可能にする「潜在力」をも含んでいて、九条はそれらを広範に禁止したはずのものでした。ですから本来は、たとえば軍需産業なども禁止されていた条項なのです。

３・11以後の文脈では、原発を保有することが、実は核武装の「潜在力」となっていることも思い起こしておきましょう。原発稼働で蓄積されるプルトニウムが原爆の原料になることはよく知られています。自民党政治家で「防衛通」とされる石破茂さんは、福島原発事故の惨状を前にしてさえ「核の潜在的抑止力を維持するために、原発をやめるべきとは思いません」と明言していましたが（『SAPIO』二〇一一年一〇月号）、だとすると、原発が九条違反でもあることを浮き彫りにしました。

憲法一三条の「生命」、二五条の「生活」、そして前文の「生存」という規定は、日本語としてはかなりニュアンスが異なっています。「生命」は生物としての「いのち」のことですし、「生活」は「暮らし」と同義語でしょうし、「生存」には「生き残り」という意味合いが強くあるでしょう。しかも、「生命の権利」を定めた一三条は、一七七六年のアメリカ独立宣言が参照されたものですし、二五条は一九一九年のドイツ・ヴァイマル憲法一五一条が定めた「人間たるに値する生活」が起源ですし、前文の平和的生存権は一九四一年の大西洋憲章がベースとなっている、と、淵源はかなり異なります。

ところが、英文憲法では、一三条の「生命」はlife、二五条「生活を営む」はliving、前文の「生存する」はliveであり、liveという動詞と、その名詞であるlifeという同じ用語で言い表しています。というよりlife、liveには、いのち、くらし、生き残りという意味がともに込められていて、英語圏の人々は、人間がlifeをもっているということ、liveしているということは、単に生物的に「生命」がある、というだけでなく、それが理不尽に奪われることなく「生存」すること、さらに人間的な水準で「生活」することを、一体的にイメージしているのです。このニュアンスは英語だけでなく、ドイツ語のLeben、フランス語のvie、イタリア語のvitaも変わりません。

lifeのためのgovernment

こうした人間のありようを、権利として定め、これを守り実現するために国政も地方自治もgovernmentとしてあるのだと、日本国憲法は「この国のかたち」を設計しました。沖縄に伝わる「命《ぬち》どぅ宝」という言葉は、琉球王国時代から伝承されてきたものですが、先の大戦での多大な犠牲を経て、日米軍事同盟下の多大な負担を告発する反戦平和の声として今も叫ばれています。「命」こそが人間の原点というこのスピリットは、憲法のそれと共鳴します。憲法は、それを「個人の尊重」を支える原点と位置づけ、「生命」の権利としました。この一三条がベースとなって、構造的平和による「生存」と、政府の社会保障政策と人々の社会的連帯によって「生活」を維持する、というのが憲法という設計図の根幹をなしています。

こうした見地が、3・11後を診るときにも肝要でしょう。膨大な「生命」を守れなかった政治という面はなかったか、命からがら「生存」はしたが、「生活」はまったく見通しが立たない状態を克服する政治が動いているか、憲法からの点検が必要なのです。

「国民の生活（life）が第一」を公約の柱にした政権は、その約束を果たせずあえなく退陣しました。しかしそれに代わった政権はどうでしょう。避難者の労苦を顧みず、また小泉元首相でさえ懸念する「核のゴミ」の最終処分方法もないまま原発再稼働に向かう「政治」に、そしてまた、国民の生命・生存・生活を丸ごと危険にさらす戦争法の制定に血道をあげる「政治」にも、lifeへの敬意はまるで見えません。

3 「男女平等」という言い方がそもそも「男が先」では？
――「両性の平等」と言いながら

生活用語に染み込む「性役割分担」

四〇年近く在籍していた名古屋大学は、一九九〇年代に入るまではかなり自由で、教員は講義・演習・会議などがなければ出勤する必要もなく、私などは自宅で本を読んだり原稿を書いたりの仕事をしていました。そういう時代だったことを感謝してもいます。妻は長く裁判所職員、後に法律事務所職員でしたから、週日は朝から出勤するごく一般的な労働者の生活でした。

自宅にいると静かなものかというと、実はそうではなく、けっこう「来客」があって、なかでも「訪問販売」がよく来ます。で、ドアを開けるとその販売員さんは、私の顔を見てたいてい困惑し、「あのー、『奥様』はいらっしゃいませんか？」と尋ねます。この種の販売の相手は、その家の「ご主人」ではない、と相場が決まっているからでしょう。そのようなとき私は、冗談半分で、しかし嫌味を込めて、「私が『奥さん』ですが」と答えることにしていました。きょとんとする販売員さん。そこで私はおもむろに、「妻は外で働いていますので、家の奥にいて家事をしている『奥さん』は私だからです」と、「奥さん」の言葉の由来を教えてあげます。

夫は外で仕事をして稼ぎ家族を養う「主人」であり、妻は家の「奥」にいて子どもを産み育て、家事全般を引き受ける、という「性役割分担」体制が、「主人・奥さん」という言葉を生みました。すでに時代遅れの用語法なのですが、日本社会の古層として執拗低音《しつようていおん》のごとく鳴り続けています。そのためか、「妻」である人を他者が敬語で呼ぶとき、日本語では「奥さま」というのがなお一般的のようです。対して「夫」のことは「ご主人」と呼び、妻が夫を引き合いに出すときにも「主人が」とか言って使われています。逆に夫が妻のことを他者に話すときには「奥が」とは言わないようで、「○○子が」と姓名の名のほうを呼び捨てにするとか、「家内」とか「かみさん」とか「嫁」とか、まちまちです。中には「愚妻」と呼ぶこともあり、これは謙遜《けんそん》用語とされていますが、対語の「愚夫」はありませんから、やはり男優位社会の匂いがします。このような日常生活用語の世界には、存外、男尊女卑をベースにした夫尊妻卑の感覚があり、憲法の平等原則から見ると大いに問題がありそうです。この問題をクリアするためもあって、パートナー、連れ合い、伴侶といった用語を使うケースも増えてきましたが、「妻と夫」または「夫と妻」に特定する意味はないためか、なかなか定着しません。

憲法の言い回しにも歴史的限界が?

日本国憲法は、明治憲法と違って、初めて「男女平等」を定めた、とよくいわれます。しかしこれは不正確でしょう。世にはびこる「男女平等」という用語には、すでに「男が先」思想が忍び込んでいて、「男女」平等をいうなら「女男」平等という用語もあっていいはずですが、国語辞典にもワープロ変換でも「女男」平等はありません。「だんじょ」があって「じょだん」がないのは「冗談（じょーだん）」じゃない！　と怒りたくもなるところでしょう。

日本国憲法はよくできていて、一四条で禁止したのは「性別」による差別であり、二四条では、家族関係における「両性」の平等を謳《うた》いました。「男女」平等とも「女男」平等ともいっていません。

ところが、画期的なこの二四条でも、「婚姻は、両性の合意のみに基いて成立」するとしたあとに、しかし「夫婦が同等の権利を有する」といいます。さしもの憲法も、「夫婦」という日常用語は、緊張感を持たずに採用しました。「男女」という語順は気にしていた憲法なのに、「夫」が先の「夫婦」ですし、しかも「夫」なら対語は「妻」のはずなのに「婦」です。夫婦の「婦」とは「女」への「帚《ほうき》」ですから、漢字辞典の説明どおり「帚で掃除する女」の意味です。このこともあって、「婦人」という用語法は近年改められる場合が多く、市町村の「婦人会館」は「女性会館」に、労働組合の「婦人部」は「女性部」に等々と変わってきました。憲法用語のいわば時代的限界が、この「夫婦」という規定でしょう。

憲法制定にGHQがイニシアティヴを発揮したことはよく知られています。その職員だった二二歳のベアテ・シロタさんは、日本に住んだ経験から、女性差別のことをよく知っていて、この二四条の構想を丹念にデッサンしました。日本語にも堪能《たんのう》だった彼女でしたが、英文で"husband and wife"とされていた部分が「夫婦」とされていることまでは、見逃したのかもしれません。

「両性の合意のみ」の「のみ」が消えた！

ことほどさように憲法の規定は、制定当時の歴史的限界を引きずっていることが少なくありません。

その意味では、時代の進展とともに憲法「改正」があっていいのですが、自民党改憲案はそんなところには目もくれず、むしろ時代の針を逆転させようとする「改正」点が少なくありません。

たとえば、ここで取り上げた二四条の「婚姻は、両性の合意のみに基いて成立」するという大原則の「のみ」を、さりげなく削除しています。ということは「両性の合意」以外のことを結婚成立の条件にしたとしても、ただちに憲法違反になるとは限らない、ということを意味します。これだと戦前の婚姻制度を復活させても、ただちに憲法違反とはならなくなるかもしれません。家制度で固められていた戦前の民法は、旧七五〇条で、結婚にはその家のボスである「戸主」の同意を必要としていました。民法を変えて、例えば「親の同意」を婚姻成立の条件にしたとしても、自民党案のように改憲されれば、すぐさま憲法違反となるとは限らない、となるかもしれません。

究極の差別用語は?

全く意識されていない用語上の差別問題の究極は、「彼」と「彼女」でしょう。一人称が「私」、二人称が「あなた」ときて三人称が「彼《か》の人」なのですが、それに性別をつけるなら、「彼女」の対語は「彼男」のはずです。なのに男だけが「彼」と、一字で威張っているのは、妙なことです。

言葉はその時代の感覚を映し出します。「男女」平等も「夫婦」も「彼・彼女」も日常用語として健在ですが、それは「男・夫・彼」が先となり中心となる社会感覚の反映でしょう。ですから言葉狩りをしても、さして効果はありません。社会を「両性の平等」へと正していくことが重要でしょう。

4 「女性が輝く社会」って何でしょう？

――性役割分担意識を醸成する皇室制度

就業率が男性は二位なのに女性は二四位

経済協力開発機構（ＯＥＣＤ）が二〇一四年九月に発表した「雇用アウトルック」によれば、二〇一三年の女性就業率が最も高かったのはスウェーデンの八二・五％であり、アイスランド八二・三％、ノルウェー八二・一％と続く北欧諸国の高水準が目立っています。オーストラリアやスロベニア、スイスも八〇％を超えていました。ドイツは七八・二％、フランスも七六％です。これに対し日本では、女性の二五～五四歳の就業率は七〇・八％で、ＯＥＣＤ三四か国中二四位に低迷しています。日本のこの数字は、二〇〇〇年には六三・六％だったのですから、それよりは改善していますが、この「改善」はパートや派遣など非正規雇用で働く女性が増えたためでした。これと比べると女性の就業率が高い北欧などの国は、過去一〇年以上コンスタントに日本よりもはるかに高い水準を維持しています。他方、日本の二五～五四歳男性の就業率は九一・五％で、スイスの九二・七％に次いで堂々第二位なのですから、あまりに歴然とした女性就業率の低さです。

「夫は外で働き、妻は家庭を守るべきである」という考え方に対し、一九七九年の政府調査では、賛成する声が七割を超えていましたが、二〇〇四年調査で初めて反対が賛成を上回り、二〇〇七年調査では反対が五割を超えました。しかし、女性が出産を機に退職し、後に再度就業するいわゆるＭ字カーブは、欧米諸国ではもう見られないのに、日本は依然として残っています。ここが女性就業率を押し下げている原因にほかなりません。ＯＥＣＤはそんな日本に対し、「日本では学校卒業後、多くの女性が就職するが、約六〇％の女性が第一子出産後に退職する。急速に高齢化が進む中で、女性の就業率引上げを中心とした人的資源のフル活用が日本の最優先課題である。日本政府は、質の高い保育サービスの提供や長時間労働の削減などの対策を取らなければならない」と提案していました。いま日本政府は「すべての女性が輝く社会」を掲げていますが、この傾向を変えてはいません。

市町村の半数が消滅する！

民間シンクタンク日本創成会議（座長は増田寛也元総務相）の人口減少問題検討分科会は、二〇一四年七月、市区町村別の人口推計結果を公表しましたが、これによると、地方からの人口流出が続き、二〇四〇年までに二〇～三九歳の女性の人口が五〇％以上減少して少子化が進むため、消滅する可能性がある市区町村は、全国約一八〇〇のうち半数近い八九六にのぼるという衝撃的データになったといいます。初めての集計で、「消滅」というショッキングな表現に戦慄《せんりつ》が走りました。

分科会が指摘する「消滅」というのは、地方自治体がその機能を維持するのが極めて困難になるケースを指した表現で、その自治体が丸ごと消えてなくなるという意味では必ずしもありません。発表の席で増田座長は、「二〇四〇年に人口が二〇〇〇万人減るという推計はこれまでも出ていました。しかしそれがどの市町村でどう起きていくかの推計はこれまでなかったのです。調査の結果、半数の自治体でもはや人口が増える可能性はないという事実にショックを受けています」と述べていましたが、若年女性の減少により出産が急減し、したがって人口が急減していくため、半数の市町村がその機能を維持できなくなることを警告するため、あえて「消滅」という言い方で、深刻な事態に注意を喚起したのです。それほどまでに、いまの日本社会は女性が、したがって女性と男性のペアが出産しにくくなってきている構造があるということでしょう。

女性差別構造の「象徴」

二〇〇七年一月、現職の柳沢伯夫厚生労働大臣が「一五歳から五〇歳の女性の数は決まっている。産む機械、装置の数は決まっているから、あとは一人頭で頑張ってもらうしかない」と発言して大問題となったことがありました。こうした発言は、社会的にもようやく厳しく批判されるようになってきましたが、しかし根底のところで克服されていません。著名な俳優同士の結婚話に、内閣官房長官がテレビで「これを機にママさんたちが『一緒に子供を産みたい』という形で国家に貢献してくれればいいなと思う」と口走る始末です。

こうした女性差別意識を密かに受け入れさせているのが、日本と日本国民統合の「象徴」である天皇に女性はならない、どころか、男性皇族と結婚した妻の最大の仕事が、子どもを、しかも男子を生むことにあるとするしくみだ、といったら議論の飛躍でしょうか。しかし、男性だけが重要で、女性は子どもを、しかも男子を「産む機械」にされている皇室制度を連日見続けている国民の深層心理のところで、女性はそんなもんだという意識が刷り込まれているのでは、と思えてなりません。

皇族の極端な男性中心原則は、憲法が決めたことではなく、皇室典範という名の法律が決めたことにすぎません。憲法が決めたのは、皇位の継承が世襲による、ということだけです（第二条）。「世襲」というと「血統」によるものと思われがちですが、人為的な血統、つまり養子でも「世襲」になりえます。しかし、憲法が決めた「世襲」を自然的血統だけに限定したのも、皇室典範でした。「皇室典範」というとおごそかな名称ですが、戦後は国会が決めた法律の一つにすぎません。ですから、主権者国民がその気になれば、いつでも変えられるはずです。

その皇室典範では、天皇の地位につく順番をこまかく決めています。一番は天皇の長男ですが、次はその長男の長男、つまり男性長孫にいき、男性の孫・ひ孫がいないと、天皇の次男、三男と続き、その男子へ、と続きます。今の天皇には二人の息子、徳仁皇太子と秋篠宮文仁がいて、次の天皇に「なるひと」は徳仁さんと決まっていますが、彼に男の子ができないまま死亡すると、文仁さんが天皇になります。しかし長い間、この兄弟には男の子が生まれず、このままでは皇位が途絶えるか、と話題でした。これを心配した小泉内閣は、二〇〇五年に「有識者会議」を発足させ、女性天皇・女系天皇を可能にする報告書が提出されるに及んで、いよいよ皇室典範改正か、となりましたが、二〇〇六年に秋篠宮夫妻に男子が誕生して、議論はあっという間に沙汰やみとなりました。

しかし、こうして皇位継承問題を論じなくなった日本社会が、暗黙の裡《うち》に抱いているであろう女性像をたださない限り、人口減で日本社会が衰退していくことは、避けられないと思いませんか？

5 同性が結婚することは憲法違反ですか？

――「両性」の合意の現代的ありよう

結婚は「女のたそがれ」？

教師という仕事柄、教え子の結婚式に出席することが少なくありません。で、これまた仕事柄スピーチに指名されることも多く、となると、いかにも教師らしいうんちくをと思い、しばしば使うネタがありました。「結婚のことをドイツ語ではHeirat（ハイラート）といいます。これは、Heim でRat するという合成語で、Heim、英語ならホームですので『家庭』ですが、そこでRat する、すなわち『相談』するという意味です。どうかお二人で、あるいは将来はお子さんも含め、なんでも相談できる家庭をつくってください」というネタです。これは高名なドイツ語学者が言っていることのパクリですが、間違いはありません。しかし、あるとき列席者から「では英語のマリッジはどういう意味ですか?」と聞かれて「うっ」とつまってしまい、以後、このネタは封印しました。

ただ、日本語の「結婚」という言葉には、なんともやるせない女性差別の匂いがして、使用を避けたいという気持ちに変りはありません。というのも、結婚の「婚」は、古代中国の結婚式が夜暗くなってから行われたので、暗い、つまり「昏《くら》い」を意味する「昏」に女へんがついてできた語で、女性の側が男性のところに行くことを意味しているからです。結婚とはその「婚」が「結」ばれることですので、どうにも女性差別の匂いがしてなりません。これでは結「婚」とは「女」が黄《たそ》「昏《がれ》」る、女性としての輝きを失くすことだという嫌味も、当たらずとも遠からずでしょう。

結婚は日常用語ですが、法律上はこれを「婚姻」と言います。この「姻」は、「ふとん」を意味する「しとね（茵）」の原字「因」に女へんがついていて、女性の側が男性のふとんに行くことですから、ここでも女性差別が歴然です。「結婚」であれ「婚姻」であれ、こうした言葉には、両性が対等に結びつく関係ではなく、女性が男性に従うものという見方がしみついてきました。日本国憲法は、この人間的な結びつきを、男性の側が一方的に、あるいは男性側の男親や男性親族などが一方的に決める家制度によるのではなく、「両性の合意のみ」で成立すると定めて、画期的な個人の解放をうたいあげています。しかしその主語は、ほとんど緊張感なく「婚姻」であり、3で見たように（「夫」が先でしかも対語である「妻」ではなく女へんの帚である「婦」とのカップルを表した）「夫婦」という決して「同等」ではない用語で「同等の権利」を語りました。画期的な憲法も時代の限界はまぬかれなかったようです。

同性婚は憲法違反？

二〇一四年六月、青森市在住の二人の女性が、市に婚姻届を提出しました。すると市は即座に、不受理を決定し、「日本国憲法二四条一項により受理しなかったことを証明する。青森市長」と記した書類を渡しました。初の「同性婚不受理事件」として知られていますが、他の自治体でも過去に似た例はあったようで、メディアで注目されたのはこれが最初とされています。

青森市が理由とした憲法二四条一項は、確かに「婚姻は、両性の合意のみに基いて成立」すると定めているので、「両性」間のことだから同性婚は憲法上認められない、とするのが青森市の見解でした。しかしこの規定は、戦前までの「家制度」に縛られていた婚姻制度から個人を解放することに狙いがあります。ですからポイントは「のみ」にあるのであって「両性」にあるのではありません。婚姻が「両性」でなければならないことを主眼とする規定ではないのです。ただし「両性による婚姻」が当然視されている時代の規定ですから、同性婚は想定外、ともいえましょう。だったら「新しい人権」として考えればすむ話でしょう。憲法二一条にはどう読んでも「表現（する側）の自由」しか定めていないのに、これを基に「知る（表現を受け取る）権利」が生み出されたのと同じです。憲法上の根拠には議論があっても、プライバシー権や環境権なども生まれてきました。

同性婚を法的に承認する動き

結婚・婚姻を両性間のものと想定してきたマジョリティにとっては、青森市のように同性婚は想定外のことでしょうが、近年、同性婚を志向する人々がマイノリティとしての声をあげるようになってきている、という時代の進展を見落としてはなりません。国会ではこの問題を初めて問われた安倍首相が、役人の用意したペーパーを棒読みして「現行憲法の下では、同性カップルの婚姻の成立を認めることは想定されていない」と答弁しましたが、ならば首相は認めるのかというと、「我が国の家庭のあり方の根幹に関わる問題で、極めて慎重な検討を要する」とまったく消極的でした（二〇一五年二月一八日・参議院本会議)。「美しい日本の家族」観があるからでしょう。しかし時代は首相の旧式家族観をのりこえています。

例えば、東京都渋谷区では二〇一五年四月、「同性パートナーシップ条例（渋谷区男女平等及び多様性を尊重する社会を推進する条例)」を成立させ、同性カップルを「結婚に相当する関係」と認めるパートナーシップ証明書の発行を可能にしました。この証明書で、区営住宅での同居が保証されるほか、病院での面会など、パートナーとしての権利の一部が認められます。

外国では、個人の尊重とその個人の人権には敏感な欧米で、いくつかの進展があります。いずれも今世紀に入ってからですが、たとえばオランダ、ベルギー、ポルトガル、デンマーク、カナダ等々では同性婚を法的にも認めるようになっていますし、ドイツ、オーストリア等では法律婚に準じた保護を保障する登録制をとるようになりました。米国では、婚姻を異性間にのみ認める連邦法律を、二〇一三年に連邦最高裁が違憲と判断しています。そしてアイルランドでは、同性婚を認める憲法改正の是非を問う世界初の国民投票が二〇一五年五月二三日に実施され、賛成六二・一%、反対三七・九%で承認されました。この国はカトリック信者が多数で家族観でも保守派が多数と見られていましたが、「アイルランドは国民投票で同性婚を認めた世界で最初の国となり、歴史をつくった」と述べていました。

時代が変わってきているのでしょう。ケニー首相は投票結果に賛意を示して、「アイルランドは国民投票で同性婚を認めた世界で最初の国となり、歴史をつくった」と述べていました。

一回しかない生を心ゆたかに全うする――これが「個人の尊重」を軸とした憲法の人権なのですから、性的志向が一致する二人が合意して Heim で Rat するのも人権にほかなりません。

6 日本が戦争する国になれば徴兵制もあり？
——どうして「徴兵制は違憲」なのか

召集と招集のちがい

同音異義語というのは、法の世界にも多数あります。「拘留」と「勾留」、「過料」と「科料」、「控訴」と「公訴」などなど、語感も似ていることが多く、法学部生向けのクイズにはおなじみです。「うん？」と思われた方は自分で調べてみてください。

そんなクイズの一つに「召集」と「招集」があります。前者は「召し」集める意味ですので、そもそもは上級者が下級者を集めることですが、日本法の世界では、かつて天皇主権のもと、天皇が臣下を集める場合にだけ使われました。天皇の集める帝国議会の「召集」がその典型です（明治憲法七条）。ところがこの用語は、天皇がもう主権者ではなくなり、ただの象徴になった日本国憲法になっても、天皇の国事行為、つまり憲法で天皇が行うこととして厳格に定めた行為の一つとして「国会を召集すること」と定めたところに生き残っています（七条二号）。国会内の各種委員会や地方議会などは、委員会委員長や議長が「招集」する、つまり「招き」集めるとへりくだっているのとは大違い。というより、国民主権だからこそ、国民が選挙を通してつくり上げる国会が「国権の最高機関」（四一条）になるのであって、それを「召集」するのが、ただの象徴になった天皇だ、というのは妙だというべきでしょう。清算されきっていない明治憲法の残滓《ざんし》というほかありません。

赤紙の悲劇

明治憲法下で天皇が、上から目線で「臣民」を「召し」集めたもう一つの、しかし深刻なものが、「召集」令状でした。士農工商の身分制度で固められていた江戸時代は、そうであるがゆえに武装する兵は「士」に限定されていて、他の庶民を無理やり「徴兵」することはなかったのですが、明治以後、軍事力で対外進出をはかろうとした政府は、明治憲法制定のはるか以前に「徴兵令」(一八七三年)を制定して「富国強兵」に邁進《まいしん》します。不可欠だったのが大量の兵士でした。発足以来の徴兵は、天皇が「赤子《せきし》」と呼んだ庶民を「召す」ものとして「召集」令状で強制的に集められ、その令状の色をとって「赤紙」と呼ばれました。徴兵制度が発足してから六年後の一八八九年に制定された明治憲法では、それを追認するように「日本臣民ハ……兵役ノ義務ヲ有ス」(二〇条)と定め、召集に従うことが「臣民」の義務とされ、国民皆兵制が始まります。

徴兵制は、もともとは、市民革命で近代国家ができた一八世紀、その近代を押しつぶそうとする周辺君主国が軍事的圧力をかけてきたのに、市民勢力が義勇兵として対抗したその延長で、生まれたばかりの国民国家を、主権者である「国民」が総力で守るための制度として始まりました。

しかし近代国家体制が世界化し、近代国家同士が覇権を競ってあらそう一九世紀後半以後になると、近代国家を支配する者がその「国益」をかけて殺し合うために、支配している「国民」を使い捨てできる兵士として動員する体制に変質します。国民国家でさえなかった明治憲法下の日本では、その反庶民性の極限の制度として運用されてきました。表向きは天皇に「召」される「めでたい」こととされ、「万歳！」を受けて「出征」するのですが、内心では、また人々のひそひそ話では「死ぬかもしれない」おそろしいこととされ、出征兵士の家族は悲嘆にくれたものです。

徴兵制はなぜ憲法違反か

日本国憲法は徴兵制を禁止していると広く理解されています。そもそも九条二項が一切の軍事力を禁止したから、徴兵制であれ志願制であれ、憲法上は許されないと考えるのが筋でしょう。しかし、九条の下で軍事力を生み育ててきた勢力は、九条を徴兵制禁止の根拠にしてはいません。

そうした勢力も、ではなぜ徴兵制が違憲だと言うのでしょうか。それは憲法一八条が「何人も、いかなる奴隷的拘束も受けない。又、犯罪に因る処罰の場合を除いては、その意に反する苦役に服させられない。」と定めているからです。特にこの「意に反する苦役」に徴兵制があたるからだと理由づけてきました。

自民党改憲案では、この一八条を「何人も、その意に反すると否とにかかわらず、社会的又は経済的関係において身体を拘束されない。」とだけ規定するように変えるといいます。「意に反する苦役の禁止」どころではなく広く「身体の拘束」を禁止するのだから、徴兵制も禁止されるのは当然、と言いたげな案に見えますが、しかしその禁止は「社会的又は経済的関係」にだけ限定していますから、兵役などという「国家的関係」で「身体の拘束」はやってもいいという規定に変えようとしている、といえなくもありません。

「徴兵制は憲法が禁止した『意に反する苦役』にあたる」という、歴代政府もとってきた考え方に異を唱えた、政府筋の発言は現にあります。古くは一九八二年、制服組トップの竹田五郎統幕議長が雑誌の論稿で「だったら自衛隊は苦役なのか」と、いささか筋違いの批判をして物議をかもしました（統幕議長は結局辞任）。近年では石破茂議員が「兵役を『奴隷的拘束』と同一視するのはいかがなものか」とか、兵役を「意に反する苦役」とすることについては「兵役に『犯罪に因る処罰』と同じ評価がなされていることは極めて問題」などと発言しています（二〇一〇年三月一二日・ブログ）。

たしかに政府は徴兵制が憲法違反という結論では一貫してはいます。安倍首相でさえ、「徴兵制を導入することは憲法上あり得ない」（二〇一四年七月一五日・衆院予算委員会）と明言しました。

しかし、この答弁の二週間前に安倍内閣は、歴代政府が、六〇年間も、「集団的自衛権行使は違憲であり、憲法を変えない限り行使できない」としてきた「解釈」を、一片の閣議決定で変更し容認してしまいました。その変更を強引にやってのけた首相が、「徴兵制は憲法違反です」と言ってももう誰も信用できません。おまけに、「戦争する自衛隊」に変貌させるのですから、隊員募集も困難になること必至でしょう。この首相に「召集」される「徴兵制」のリアリティは増してきています。

そうでなくとも、格差社会の進行を見ていると、貧困層の若者が、厚遇されている自衛官の道を選ぶほかないというわゆる「経済的徴兵制」の可能性は、すでに始まっているともいえましょう。他方でマイナンバー不在通知書は、赤ならぬピンク色という不気味な時代——。

7 靖国参拝も首相の「信仰の自由」では？

——信教の自由・政教分離・靖国問題

日本の信者は二億人!?

文科省が毎年公表している「宗教統計調査」によると、日本の信者の総数はなんと一億九七一〇万人ほどだそうです（二〇一四年度）。二億人に近く、明らかに人口より多いのですが、理由は簡単で、たいていの日本人は、たとえば八万を超える神社には氏子として、七万を超える寺院には檀家として、その信者に数えられているからです。かくして、各宗教団体が文科省に届けた信者数は、神道系だけで約一億人、仏教系で約八五〇〇万人。実態に近いのはキリスト教で、洗礼を受けた約一九〇万人が信者数として報告されていますが、洗礼を受けた後に心がわりをしても届けることはしないので、この数も確かなものとはいいきれません。

多くの日本人はその一生の間に、さまざまな宗教の信者らしきふるまいをします。子どもが生まれるとお宮参り、成長すると七五三ですが、行き先はいずれも神道の神社。結婚式は、ブライダル業者に任せると「神前ですか教会ですか」と聞かれ、どちらの施設・要員も用意されていますが、「いえ、人前ですので無宗教で」と答えるといやな顔をされるのは、儲けにひびくせいでしょう。方式が決まると、次は古代中国の六曜に起源をもつ「大安」や「友引」の日を選びます。そして衣装は、というと、「新郎」は洋式のモーニング、「新婦」は和式の文金高島田、逆に紋付羽織袴とウエディングドレスもあったり、神主が祝詞《のりと》をあげて欧米風に結婚指輪の交換と、もう支離滅裂です。

年末年始の日本人は、宗教的にも忙しくなり、クリスマスには「ジングルベル」を歌い、大晦日には寺の除夜の鐘を聞き、年があけると神社に初詣に行く、といった調子で、各宗教を転々とします。そして人生の終わりを迎えると、僧侶があらわれて仏教によるお葬式となる例が圧倒的。しかしその仏式の葬儀をいつ行うかとなると、またも六曜を気にして、「友引」は避けています。

一人でたくさんの宗教につきあうほどに、日本人は信仰心が篤いのかというと、実は全く逆で、たいていの人は、根っこのところではどうでもいいと思っているようです。五年ごとに実施している統計数理研究所の調査で、「あなたは何か宗教を信じていますか」と聞くと、「はい」は二八%しかなく、「いいえ」が実に七二%でした（二〇一三年）。ほとんどの人が宗教につきあいながら、たいていの人は信者ではない――欧米のみならず、アジアやアラブの人々ともかなり違います。世界でもまれといっていいでしょう。

信教の自由の憲法史

宗教が違えば殺しあう、異端の宗教とされたら殺されるという悲劇を重ねながら、欧米では、信仰の自由をやっと手にいれてきた歴史があります。自分の信仰を大切にするがゆえに他人の信仰にも寛容になって尊重する――人間の自由の核心である精神的自由が権利となったのは、この「信教の自由」が原点でした。

日本にも、信仰に命をかけた歴史があります。しかし、鎖国に伴うキリシタン弾圧を最後にとだえ、神も仏も先祖も自然も、なんでも「自由」に「信仰」する傾向が根づいてきました。この「寛容」さをいいことに、明治維新政府は、国民に天皇を崇拝させるため、天皇を神の子孫とする神道を国家神道にして国民におしつけます。明治憲法は、欧米にならって「信教の自由」を定めましたが、「安寧秩序ヲ妨ケス及臣民タルノ義務ニ背カサル限ニ於テ」でしか認めていません（二八条）。国家神道は「安寧秩序」であり「臣民の義務」だったのです。この国家神道のもとで国民は戦争にかり出され、国家神道に疑問を抱いただけでもすさまじい弾圧が待っていました。日本国憲法が、「信教の自由」を無条件に保障し、政教分離、つまり国や地方公共団体と特定宗教との結びつきを厳禁しているのは、こうした過去との決別も意味しているからです（二〇条・八九条）。

首相らの靖国神社公式参拝はなぜ違憲か

厳しい国際的批判を受けながら、神道神社である靖国神社への国会議員・閣僚などの公式参拝が続いています。春秋の例大祭や八月一五日には、大量の閣僚・国会議員が参拝していますし、参拝を公約にしていた安倍首相は、二〇一四年一二月二六日にその「公約」を果たしましたが、内外からの激しい批判を受け、玉串料や真榊《まさかき》の献納にとどめています。これとて問題は同じでしょう。

要職として国を営む閣僚や議員が、特定宗教である神社＝神道にいわば肩入れするのは、憲法が厳禁した「政教分離」原則に反します。「靖国問題」はそういう面があるので、まずは憲法二〇条違反の疑いを受け、小泉首相の参拝には違憲判決も出ました（二〇〇四年福岡地裁・二〇〇五年大阪高裁）。ただ、この論点だけでは、私的参拝や私費での玉串料などは必ずしも違憲とはいえない、ともなりえます。特定宗教である神社への公式参拝が問題だというだけなら、毎年正月に首相以下の閣僚や議員が伊勢神宮に参拝するのも違憲の疑いがあるのに、こちらはさほどは騒がれていません。

首相らの靖国参拝が特に問題になるのは、この神社が国が起こした侵略戦争で戦死した者を「英霊」として祀《まつ》り、あまつさえ一九七八年には、いわゆるA級戦犯として処刑された者らも合祀《ごうし》したからです。この神社が設置している「遊就館」は、先の戦争を正当化する宣伝に満ち溢《あふ》れています。日本軍の残忍な被害を受けたアジアなどの人々は、戦犯を含む旧日本軍関係者を「英霊」とたたえている神社への参拝を黙視するはずはありません。日本の侵略行為を断罪した国際社会も同じ視点で見ています。先の戦争への反省や責任をあいまいにする発言等を続けながら、靖国参拝が「強化」され、ついには首相も参拝するに及んで、中韓両国はもとより、米国の「失望」表明をはじめとする欧米諸国の強烈な批判が続いているのは、むしろ当然でしょう。

憲法から見れば、「政府の行為によつて再び戦争の惨禍が起こることのないやうにすることを決意」（前文）したこの国の要職者なら、絶対に許されない違憲の参拝だ、という視点が重要です。政教分離を定めることになった憲法の背骨である歴史的反省に違背する――これが靖国問題の核心でしょう。靖国参拝問題を、日本社会の「自由信仰」傾向に埋もれさせて、「ありうること」と放任するのは、信教の自由とは別筋の本質を見落とすことになるでしょう。

8 「社会の公器」には好奇でなく高貴な責任感を

――表現の自由と知る権利の現代的展開

二〇一三年九月七日、ブエノスアイレスで開催されたIOC（国際オリンピック委員会）総会で、二〇二〇年の夏季オリンピック・パラリンピックの開催地が東京と決定され、日本中が大喜び――と、日本のメディアは大きく報じました。特にテレビは大絶叫で、しばらくの間はこの話題で持ちきり。商業主義に走るオリンピックやその招致に奔走した勢力への批判的報道もありはしましたが、メディア全体は歓迎一色でした。ところが、諸外国での報道では原発事故との関係を問う論調が中心で、トーンはかなり違っていたようです。

安倍首相は、投票直前の最終プレゼンテーションで原発事故に触れ、「状況はコントロールされている」と言い、IOC委員との質疑応答でも「汚染水による影響は福島第一原発の港湾内で完全にブロックされている。……健康問題については、今までも現在も将来も、まったく問題ない。完全に問題のないものにするために、抜本解決に向けたプログラムを私が責任をもって決定し、すでに着手している」と啖呵《たんか》を切りました。外国メディアが問題視していたのはここです。特にドイツは、福島原発事故を契機に全原発を廃止すると与野党一致で決定した国であるだけに、首相のこの発言には首を傾《かし》げ、「嘘（Lüge）がある」とするコメント（ZDFテレビ・九月九日ニュース）や「参加者の不安と危険（Angst und Gefahr）」を問題にする報道（雑誌Stern・九月一一日号）などが相次ぎました。首相のこの発言を、「二〇二〇年までに原発問題を解決するという国際公約（pledge）」と「好意的」に報じたメディア（英国の新聞 The Guardian・九月一〇日）には、皮肉の影が見え隠れしています。

招致に成功した日本と他国とでは、メディアの論調や重点が異なるかも知れません。ただ、メディアが、多面的な事件や事象のどこをどう切り取り、どういう視点で伝えるかによって、受け手の「世論」がつくられていくのも事実です。日本の、特にテレビの報道ぶりは、招致成功の歓喜絶叫で、重大な論点を霞《かす》ませていたのではないでしょうか。案の定、原発以外にもさまざまな問題が浮上しており、最近では、メイン会場・国立競技場の建設問題や、公式エンブレムをめぐる紆余曲折《うよきょくせつ》などが相次いで起こり、内閣の責任が問われてもいます。

表現の自由と知る権利

憲法二一条は、「集会・結社・言論・出版」を例示しつつ「一切の表現の自由」を保障しました。どんな方法であれ、表現は人間社会にとって不可欠の人間的行為だからですが、国家権力がそういう自由を粉々に破砕して戦争に突き進んでいった戦前日本への深い反省から生まれた規定でもあります。「表現の自由」はこのように、まず「表現する自由」が原点ですが、近年は「表現をきちんと受け取る自由・権利」つまり「知る権利」もよく叫ばれるようになりました。それは、「表現」すべき者が意図的に情報を出さなかったり歪めたりするために、「知る権利」が損なわれている、と考えるようになったからです。この視点からすると、政府や地方自治体は主権者国民・住民のためにあるのですから、役所がため込んだ情報も、本来の持ち主は主権者であり、役所はその保管を任されているにすぎないはずです。だから国民・住民は、その情報に接近し「知る権利」がある、ということで「情報公開」制度ができました。憲法が保障した「表現の自由」は、こうして「知る権利」という、憲法が明文では書いていない権利を新たに生み出し、裁判所もそれを認め、情報公開法という立法が実現し、行政もこれを実施しています。憲法上の権利とは、このように発展・展開していく生き物です。

公器マスメディアの好奇の目

現代社会に生きる私たちは、SNSも発達したとはいえ、多くの情報はマスメディアから得ています。というより、自力でたぐり寄せることができる情報などごくわずかで、マスメディアが伝えてくれる「情報」が圧倒的。その意味ではマスメディアは「知る権利」の担い手です。ただそれは、国民が本当に必要な情報を、国民にかわってマスメディアが「知る」こと、そして国民のために「知らせる」ことが核心だということを忘れてはなりません。新聞・放送などが「社会の公器」といわれるのはそのためです。「社会」に渦巻く「好奇」心をあおり満たそうと、たとえば芸能人の交際やらスポーツ選手の密会やらを覗《のぞ》いてはセンセーショナルに報じることは、「公器」の役割とは縁遠いでしょう。

確かにマスメディアも営利企業で、売る商品は「情報」です。だから商売にさしさわりがあると、内容を変えたり、売らないことさえありえます。その感覚の延長で、政府の鼻息をうかがうことも珍しくありません。公共性が高いはずのNHKに首相の肝いりでヘンな会長が就任するや、「政府が右と言うことを左と言うわけにはいかない」とまで言ってのけるレベルダウンは深刻です。こうしたマスメディアの惨状を前に、「公器」としての「高貴」さを求めるのは、ないものねだりなのでしょうか。

藤原紀香さんも懸念した秘密保護法

オリンピック招致に沸く中、勢いに乗った安倍政権は二〇一三年一〇月、「特定秘密保護法」を国会に提出し一二月に成立させました。政府が「防衛」「外交」「スパイ行為防止」「テロ防止」などを行うにつき、行政の長がある情報を「特定秘密」に指定すれば、その秘密を漏らしたり不正に入手したりした者を懲役一〇年以下の重罰に処すという法律です。東アジアや国内社会を険悪な空気にしておいて、それに対処する、という名目ですが、狙いは政府情報を管理・統制し国民の「知る権利」を封殺すること。俳優・藤原紀香さんが自身のブログ（二〇一三年九月一三日）で発言したように、これでは「原発事故で『日本の国土がどれくらい汚染されたのか明らかにしたい』ということさえ、タブーになってしまう」でしょう。藤原さんの発言もあって反対運動は高まりましたが、今一歩で成立を許しました。この法律の運用には、国民の「主権者」力とメディアの「公器」力が問われています。戦争法の怖さは、政府の判断根拠を秘密法で隠すことにもある以上、なおのことでしょう。

「覗き」ニュースに喜んでいると、自分が覗かれることに鈍感になるし、本当に知るべきことが伝わらなくとも気にしなくなります。マスメディアは国民世論をつくりますが、国民がニーズを自覚的に変えれば、マスメディアも変わらざるをえない——と思いたいものです。

9 研究するのもお金がかかりますねえ

――「学問の自由」はいま

憲法条文にもある五・七・五の一句

味気ない法の規定も、ときどきリズムよく「五・七・五」で規定したり、「五・七・五・七・七」で規定したりすることがあります。法の規定ですから偶然の結果ですし、もちろん季語もなければ韻を踏むこともありません。しかし、たとえば民法八八二条は、「相続は／死亡によって／開始する」と五・七・五になっていて、リズムよく読むと、相続をめぐるギクシャクした争いも多少和らぐかもしれません。憲法八二条一項は「裁判の／対審及び／判決は／公開法廷で／これを行ふ」と定めていますが、リズムよく読むと（字余り含みとはいえ）五・七・五・七・七になっていることに気づきます。この条項は、非公開法廷が横行し権利侵害が容易にできた戦前の裁判を反省して規定された重要で重いものですが、リズムをつけて読むと市民生活になじみ、よく溶け込んでくる気になりませんか？

憲法条文の五・七・五といえば二三条です。「学問の／自由はこれを／保障する」――リズミカルに読めば軽やかな一句ですが、これも明治憲法にはなかった規定で、ある「学問」研究が政府や官憲の意向に沿わないだけで、その学問が禁圧されたり、その研究者が職を追われたり、逮捕・拷問・投獄されるといった残酷な歴史があったことを深刻に反省した、やはり重い規定です。

学問とは「疑い」の営み

「学問」と言われると、大学や研究所などで展開される知的営みのことで、そんなことは縁遠いことと思う市民は、多いかもしれません。憲法二三条の「学問の自由」は、英語ではacademic freedomといい、「アカデミー」というのは、ギリシャ時代の哲学者・プラトンが、古代アテネで創設した学園のことであり、その学園が「アカデメイアの森」に開設されたことにちなんでいますが、そういわれると余計に「そんな高尚なこと、私には関係ないな」と言われそうです。

しかし、「学問」は読んで字のごとく「学んで問う」ことですから、学問上「正しい」ことは、政治的に決まるもの、多数決で決まるものではなく、真理が何かで決まるものだということです。この真理を見極めるには、常に疑問・批判を絶やしてはなりません。「学」ぶとは、先人が蓄積した成果に接してこれを真摯《しんし》に受け取ることですが、それをもとに「問」うということは、先人の蓄積に対し「これは間違いではないか」「こちらが真理ではないのか」と対峙《たいじ》する知的営みですから、そこには批判と疑問が絶えません。有名な「それでも地球は動く」という言明は、地動説を主張したガリレオが、天動説を教理とする政治権力であったローマ教皇庁によって改説を求められたときに呟《つぶや》いたとされるものですが、地動説が真理であることは、その後の「学問」の展開によって証明されてきました。

「自由・平等・友愛」に満ちた市民がつくる近代という輝ける理念の時代が、しかし資本主義として展開するにしたがって、人々の暮らしには、自由・平等のない、友愛にも欠けた弊害が露見してきました。これを正面から解析する「学問」を展開したカール・マルクスという思想家が、娘のジェニーから「好きな言葉は?」と聞かれたときの答えは「すべてを疑え」でした。マルクス主義という思想は、自らの見地に対してさえ、「疑え」と呼びかけています。

「すべてを疑う」ための「学問の自由」

「学問」への道は、あくなき批判と疑問で敷きつめられています。だからこそ「学問」は「自由」でなければならず、学問を業とする研究者の組織体は、国立・公立・私立のいかんを問わず、研究者の自主的自律的判断によらなければなりません。大学という研究組織における「教授会」の自由・自治とはそういう趣旨から来ています。

ところが二〇一四年六月、政府・文科省の提案で国会多数派は、これまで学校教育法九三条が定めていた「重要な事項」を審議するのが「教授会」であるという規定を改め、「教授会は、学長が次に掲げる事項について決定を行うに当たり意見を述べるものとする」と「格下げ」しました。その「事項」とは、「学生の入学、卒業及び課程の修了」や「学位の授与」といった生粋の、だから専門家集団である教授会でなければ判断できないはずの教学事項でさえ格下げ対象にし、「教育研究に関する重要な事項」については「教授会の意見を聴くことが必要なものとして学長が定めるもの」しか教授会には議論させない、という徹底ぶりです。「学長」は、それでもふつうはなお大学教員が選ばれていますが、その選考にはすでに国のみならず外部の、特に財界の意向が反映するチャンネルができています。

「すべては研究費のために」でいいのだろうか

加えて近年は、国や財界がほしがっている研究「成果」を出させるため、研究費配分をテコにしたコントロールが浸透してきています。現代科学が、特に理系では膨大な研究費を必要とすることはよく知られています。しかし財政難を理由に大学への予算支出は削減が続いてきました。ところが国が支出するいわゆる「競争的資金」の総額自体はぐんぐん増えています。特にバブル崩壊で経済的に行き詰まったため、科学技術で日本経済を支えるべく一九九五年に「科学技術基本法」が制定されてからは、この傾向が深まってきました。競争的資金の軸である科学研究費補助金(いわゆる科研費)は一九九四年には年間八〇〇億円ほどでしたが、九五年から五年ごとの三期にわたる「基本計画」を重ねて二〇一〇年には年間二〇〇〇億円を超え、二〇一一年からの第四期計画は年間二五〇〇億円近くで走っています。この補助金配分を政府が決定するさいの判断基準は、つまるところその研究が日本の経済に寄与できるかどうかに置かれているといって過言ではありません。

「科学技術基本計画」は、二一世紀を迎えた二〇〇一年に「今後五〇年間にノーベル賞受賞者三〇人」という「数値目標」を打ち上げました。二〇一五年の大村智氏、梶田隆章氏の受賞で今世紀に受賞した日本人は一五人になり、「このピッチなら」と日本政府は「数値目標」に自信を得ているといいます。しかし、これまでの受賞の多くは、学問の自由が尊重され、「競争的資金」制度のなかった時代に得られた研究成果に対してでした。学問・科学・研究の原点を忘れてはなりません。

10 先端技術研究はいつでも軍事用になるのでは?

――学問研究の両義性

用法上の凶器と性質上の凶器

法学部で刑法を勉強するとき、最初の方で学ぶ基礎知識に、「凶器」には「用法上の凶器」と「性質上の凶器」とがある、というのがあります。「凶器」というと、用語としては「人を傷つける道具」という程度の意味ですが、「凶」という字が「凶作」「凶悪」などに使われる「わるいこと」のニュアンスがあって、「凶器」というと悪のイメージを持ちやすいものです。

しかし、たとえば人間の身体を切開したり生命を絶ったりする道具として作られたものでさえ、銃や刀など生粋のものもあれば、医療用のメスや薬物もあって、必ずしも「悪い道具」ばかりではありません。ましてや、日常生活に役立つ「良い用具」も、包丁であれ、ハンマーであれ、ロープであれ、それを使って人を殺したり傷つけたりすることができる、というのはドラマ・シーンでおなじみです。このように、そのものの「性質」が、人を殺したり傷つけたりするために作られている物を「性質上の凶器」と呼び、そもそもは日常生活の道具だけれど、使い方で人を殺したり傷つけたりする道具にもなるものを「用法上の凶器」と呼んで区別するわけです。そうでないと、たとえば「凶器準備集合罪」という罪も、暴力団が拳銃やドスを持って集まればそのものずばりですが、家庭用の包丁を持って集まる料理教室までも一緒にされてしまったらたまりません。

「軍事研究」拒否と「デュアル・ユース」

日本は、第二次世界大戦までの侵略を深く反省して、軍事を完全に遮断した平和国家に徹することを、憲法で宣言しました。そして、戦前の大学などでの研究が、一方では自由を禁圧され、他方で富国強兵・戦争遂行に奉仕させられたことを強く反省して、一方では憲法二三条で「学問の自由」を特段にかつ完全に保障しつつ、他方で学界が、「戦争するための学問の自由」はこれを認めず、具体的には軍事研究には手を出さないという自己規律をかけて、この「自由」を営んできました。一九五〇年六月、朝鮮戦争が勃発し、これに伴って米国の指令で警察予備隊という再軍備が始まる、というきな臭い時代の到来に、「学者の国会」といわれる日本学術会議は、この年の四月二八日、第六回総会で「戦争を目的とする科学研究には絶対に従わない」声明を発し、いち早く事態の防止をはかっています。以後、日本の研究は最近まで、軍事研究は行わないという原則を貫いてきました。

ところが最近この原則が揺らいできています。防衛省は、二〇一四年予算で「安全保障技術研究推進制度」を発足させ、「安全保障」に関わる「技術研究」を大学や研究機関が推進するようにと、研究費の公募をはじめました。やたらと「安全保障」に傾斜する内閣のお墨付きを得た「制度」でしょう。これまでも防衛省が旗を振った大学などの研究者との共同研究はありましたが、「基礎的技術の交流」を建前とするものに限定されていました。今回の制度は、防衛省側が新兵器の開発につながるような具体的テーマを設定し、大学などに研究委託するものですから、防衛省サイドに軍事目的があることは明白です。

公募する研究テーマは二八件あって、「電波・光波の反射低減・制御」「レーザ光源の高性能化」「無人車両の運用制御」「昆虫サイズの小型飛行体実現」等々、素人が聞いてもよくわからない先端技術の研究なのですが、たとえば「電波・光波の反射低減・制御」がステルス戦闘機に必須の技術であることからもわかるように、自衛隊の、ひいては日米同盟軍の戦闘能力を高めるための研究であることは一目瞭然です。研究費は一件につき最大で年間三〇〇〇万円もつきますが、そういう研究ですから、防衛省所属のプログラムオフィサーなる職員が研究を管理しますし、その成果公表には防衛省の確認が必要ですし、防衛省の判断で、開発された特許技術を軍事企業に無償で利用させることもできる、等々と、軍事研究をしないとしてきた日本学界の原則をいたるところで破っています。

ところが、大学に対する近年の公的研究費削減は9で見た通りです。そのように研究者を追い込んでいわば兵糧攻めにしておいて、研究費が必要ならと軍事研究に誘導する、という手口は巧妙・卑劣というほかありません。二〇一五年度は一〇九件の応募がありましたが、大学からの応募は五八件にのぼり、東京工業大学ほか四大学にこの研究費が支給されています。

さらに、生粋の軍事研究ならともかく、軍事にも民生にも利用できる科学技術に研究者はどう向き合うかは単純ではありません。両方に利用できる、という意味でデュアル・ユース（dual-use）問題が近年、科学者間でのホットな論点になってきました。

たとえば民生用ではもうおなじみのインターネットも、もとはといえば米国の軍事技術である

ARPANETとして一九六九年に開発されたものが、冷戦終結を期に民生用に「開放」され、一九九三年にWorld Wide Web（www）が導入されたことで爆発的普及に至った結果ですので、今でも軍事と民生のデュアル・ユースに供されています。コンピュータの能力向上研究は、軍事研究でもある、というよりは、軍事的能力向上の恩恵を民生利用が受けている、ともいえましょう。

用法上の凶器を扱うのは人間

日本学術会議はこの問題にも取り組み、二〇一三年に「科学者の行動規範（改定版）」を公表しましたが、「科学研究の利用の両義性」というdual-use問題の項目では、「科学者は、自らの研究の成果が、科学者自身の意図に反して、破壊的行為に悪用される可能性もあることを認識し、研究の実施、成果の公表にあたっては、社会に許容される適切な手段と方法を選択する」との「規範」を示しました。この「規範」が一九五〇年声明の延長にあるかどうかは、慎重に見極めたいところです。

考えてみれば、たとえば包丁という「用法上の凶器」が危険なのは、その包丁を持っている人間の危険性であって、包丁自体が危険だとなると、この便利な道具を廃絶するしかありません。重要なことは人を殺傷しうる包丁を悪用しないだけの人間をつくること、育てること、磨くことということとても人間的な営みの方です。この営みは先端技術ではできません。

結局は、「学問の自由はこれを保障する」というリズミカルな規定を、そのリズムのままに内面化できるかどうかでしょう。

11 「働く」ことが苦痛なのに「人権」？
――労働で豊かになるとは

忙しいのか、みなまで言うのがかったるいのか、略語にするのが大はやり。それもあやしげな和製英語を勝手に作ったうえに、それを略語化するものだから、はじめて聞いたときは、なんのことかさっぱりわからず、という例が珍しくありません。でも、若者たちやネットの世界をかけめぐっているうちに、やがて通用するようになるからおもしろいものです。言葉は生き物なのでしょう。

「ゲーセン」はゲーム・センターの略語で、スロット・マシーンなどを置く遊戯場のことですが、英語圏で game center と言っても通じません。amusement arcade と呼んでいます。「ファミコン」はファミリー・コンピュータの略語で、ご存知の家庭用ゲーム機です。family computer といえば英語圏にありそうですが、きちんと video game machine と言わないと通じません。ファミリー・コンピュータという言葉は、任天堂のれっきとした登録商標だからです。コンビニは convenience store のことで、そのように言えば英語圏でも通じることがありますが、行ってみたらただの雑貨屋。二四時間営業している小型スーパーがいたるところにあるのは、おそらく日本だけでしょう。

こんなあやしげ和製英語をいっそうあやしげにする和製英略語の氾濫《はんらん》に、「日本語が乱れとる！」と嘆くおじさんは多いようですが、そんな人も「テレビ」だ「トイレ」だ「ワイシャツ」だと、あやしげ和製英略語の古典を使いまくっているのですから、どっちもどっちでしょう。そんなおじさんがやりそうなのが「セクハラ」「パワハラ」ですが、「〇〇ハラ」はもう三〇種類以上もあるとか。その古典であるセクハラは、周知の通り「セクシュアル・ハラスメント」の略語で、sexual harassment自体は一九七〇年代に米国雑誌界で生まれた造語で、今も使われていますが、英語圏でこれを「セクハラ」と略すことはありません。

バイトというアルバイト

外国語の「労働」が、別の意味で日本に定着した古典といえばドイツ語の「アルバイト」ですが、これも略語「バイト」の方が社会的には通用しているでしょう。「バイト」というと今ではコンピュータ用語の情報量単位を表すバイト（byte）も有名ですが、ドイツ語の「アルバイト」のしかも後半だけで略語にするのは、特殊日本的です。「アルバイト」は、そのごつい語感からか、男子学生が家庭教師などで学資をかせぐことに使われはじめ、やがて女子学生にも広がってきました。今では学生・生徒や定職のない者が、非正規の時給でかせぐのもすべて「バイト」というようです。

ドイツで「アルバイト（Arbeit）」、フランスで「トラバーユ（travail）」といえば正規の「労働」のことです。「研究」とか「作品」とか「著作」の意味もあり、とても人間的で気高い営みを表現している言葉。では、日本語の「バイト」、つまり非正規の臨時的な労働は、ドイツやフランスでどういうでしょうか。答えは「ジョブ（job）」、つまり英語を使います。で、そういう意味での「ジョブ」を、米国では「パート・タイム・ジョブ（part-time job）」と呼ぶので、これが日本に伝わって「パート」になりました。こちらは、自宅のローンや高い教育費を捻出するために、時給で働くいわゆる主婦労働のイメージが強いようです。言葉は世界を駆け巡ってきた、といえば大げさでしょうか。

必要なときに自由に働き、かせいだ金で生活を楽しむ若者を「フリーター」ともいうようですが、これはフリーな、またはフリーランスのアルバイターのこと。しかしここまでくると言葉としてはもうめちゃくちゃのごった煮で、英語圏やドイツ語圏で使っても「?」です。あげくのはてに使い捨て自由な、まるで奴隷のようにこき使われる「バイト」まで出てきて、「ブラックバイト」と呼ばれるようになりました。そういう労働環境を許してこなかったのがドイツなどの欧州労働市場ですので、「ブラックバイト」といわれても、そうした国では、またもや「?」でしょう。

非正規労働者の増加

日本企業が雇った人を働かせる方式は、一度雇ったら定年まで働かせる終身雇用制、働く年限を重ねるうちに給与も地位も上昇していく年功序列制、その企業に雇用されている労働者で労働組合をつくり時には企業と協力しながら地位向上を図る企業別労働組合、という三つを柱にしてきました。一九六〇年代以降のいわゆる高度成長は、この仕組みが支えたともいえるでしょう。ところが日本企業が「成長」した結果、企業活動が国際化・グローバル化の激しい競争に参入するにつれて、国際的競争力を高めるためとして、こうした正規労働者の雇用は中枢部門だけに限定し、大量の非正規労働者を雇用して低賃金で働かせ、場合によっては簡単に解雇もする事態が進んできました。こうして雇用者全体に占める非正規労働者の比率は徐々に増加し、一九九〇年には二〇％を超え、さまざまな国際的経済危機を経て上昇を続け、厚生労働省の統計でさえ、二〇一四年度には三七・四％にまで至っています。統計では捕捉しにくいブラックな非正規労働を含めると、四〇％を超えているかもしれません。このような日本の異常な事態に対し、先進三四か国で構成するＯＥＣＤは、何度となく是正を勧告してきました。しかし一向に改善されません。

労働が権利だということ

憲法は、働くことを「勤労」と呼びつつ「権利」だと定め（二七条）、「意に反する苦役」を禁止しています（一八条）。「勤労」というと「心身を労して勤めにはげむこと」（広辞苑）ですので、「意に反して」もという意味合いもありそうですが、「労働」と同義語と見ていいでしょう。労働で豊かになるとは、働いて賃金を得て、その賃金で生活条件を高める、だけのことではありません。「労働」そのものをとおして、人間が人間として豊かになることのはずです。「働く」こと自体に生きがいを見いだそうとするとき、正規労働者でさえ実情は苦悩に満ちているのではないでしょうか。いわんや非正規労働者では、です。

「教育」などと同様に「労働」も憲法から遠く離れたところにきてしまいましたが、それを取り戻そうとする労働運動は、すこぶる人間的な営みにほかなりません。「バイト」もそこに人間的な営みが「ある」真の「アル・バイト」にしたいし、そうなることを求めることが「権利」のゆえんです。

12 「納税の義務」に対応する権利は？
——憲法上の「義務」の背後にあるもの

数年前のこと、「こちらグンプク実行委員会ですが、講演をお願いしたいのです」という電話を受けたことがありました。講演依頼はよく受けるのですが、「グンプク」とは？「軍服」に関わる「その筋」からの電話か？　私への講演依頼もそこまで広がったか？　などと思いつつ、おそるおそる「どういう団体ですか？」と聞いてみました。すると「あ、すみません、『軍事費削って、くらしと福祉・教育の充実を』国民大運動実行委員会の略称です」とのこと。この長い名称の運動組織なら知っていましたが、それが「グンプク」と略されているとは知りませんでした。それにしてもよくまあ縮めたものです。ただ「軍事費削って」というのはもっともなこと。なのに、この要求がこのところあまり聞こえてこないのは、ずっと気になってはいました。

二〇〇九年の政権交代で民主党・社民党・国民新党の連立政権が生まれたとき、中心だった民主党の政策が「国民の生活が第一」だっただけに、膨らむ一方だった軍事費を削って「くらしと福祉・教育の充実」にあてると期待されたものです。けれど、脚光を浴びた「事業仕分け」でも、軍事費の、特に正面装備は丸ごと対象から外され、たかだか自衛隊員の制服を中国から安価に輸入するかどうかが「争点」になる程度でした。軍事費は、「思いやり予算」などの在日米軍関連費も含めて、政権交代があっても予算編成上「聖域」とされ続けたのです。自公政権に戻ってからはその流れが加速し、

「東アジアの環境悪化」を言い立てて膨らむ一方です。二〇一六年度概算要求はついに五％を超え、二年連続で五兆円を上回りました。

「納税」ではなく「払税」

軍事費を含む国の支出にあてる収入を支えている基本は、国民が拠出する税金です。憲法では、「納税」を国民の「義務」と定めました（三〇条）。しかしこの「納税」という言葉、どこか上から目線で、「お上」に「納」める税というニュアンスがあると思いませんか？

そう、「納」という字は「糸」へんの「内」ですが、それは糸＝織物を貢物《みつぎもの》としてお上＝権力者の倉の「内」に入れる下々の者のふるまいを意味する漢字なのです。ですから天皇がお上で国民がそれに従う「臣民」だった天皇主権の明治憲法時代ならいざ知らず、国民主権の現憲法の下では、「納税」という用語自体が適切ではないはず。憲法の採用した日本語表記が、実は憲法原理にとってふさわしいものではなかった一例でしょう。

現憲法では主権者である国民が、国政運営を財政的に支えるために税金を支払い、それを受け取った国政担当者は、主権者国民の意向に沿うようこれを大切に使う、というのが憲法原則です。となると、納税ではなく「払税《ふつぜい》」がふさわしい、という税法学者・故北野弘久さんが力説したことは十分に意味があったでしょう。英語で「税を納める」というのは単にpay tax（税金を払う）としか言いません。「税を納める」をそのまま直訳すればcontribute taxとでも表現するのでしょうが、これでは中世の君主に貢物として献呈する意味のままです。

「三大義務」とは何か

ところでこの「納税の義務」とともに、人権を定めた憲法第三章には「教育の義務」（二六条）と「勤労の義務」（二七条）もあり、これらはしばしば「三大義務」と紹介され、だから第三章のタイトルは「国民の権利及び義務」となっていて、国民は権利を主張するばかりではなく、義務をきちんと果たさなければならない、と言われることがあります。これは日本国憲法が明治憲法の「改正」として生まれた名残であり、兵役・教育・納税を「三大義務」とした天皇主権時代の憲法の残像です。

近代憲法、したがって日本国憲法の根本精神は、国民の権利保障を核心としており、そのために権力を縛るのが憲法の憲法たるゆえんだ、といわれます。この精神は、そこを崩そうとする乱暴な自民党改憲案と、それを先取りする自民党政治のおかげ（？）で、かえって国民的に浸透してきました。そうした目で見ると、「三大義務」も、実は権利のためにある、というポイントが見えてきます。

二七条の「勤労の義務」は「勤労の権利」と一体のものとして定められています。あるいは二六条の「教育の義務」というのも、よく読むと、まず第一項で国民の「教育を受ける権利」を定め、次に第二項で国民に「その保護する子女（＝子ども）」に「普通教育を受けさせる義務」を課していて、その義務を果たす教育、つまり「義務教育」を「無償」と定めました。ですから、「教育の義務」は、国民の「教育を受ける権利」の実現方法の一つになっています。

納税の義務を定めた三〇条には、対応する「権利」が明示されてはいません。しかし、近代憲法の精神からすれば、「納税」とは、主権者のためにあるはずなのが政府 government だから、これを主権者が財政的に支えることにほかなりません。となると「納税」の背後・基底には「納税者の権利」が控えていると見たほうが、この憲法精神にはふさわしいことになります。権利であれば税にも、たとえば「平等原則」が働き、逆進性が強い「消費税」は憲法理念に沿わないし、ましてや消費税の引き上げはいっそうの権利侵害です。

主権者国民は、選挙権を行使して government をつくるとともに、それが活動する財源を税で支えます。つまり票と税で government を編成し動かすのです。となれば、税の使い方に主権者の監視が働くのは当然でしょう。消費税引き上げで潤う国の財布を何に使うのかは、主権者の問題です。

「軍福」「軍復」を叫ぶべき今

「軍事費削って福祉に」の「軍・福」要求は、これだけ軍事費が増大し、にもかかわらず、必要性が高まっている福祉・教育費が増額されない今、あらためて注目すべき呼びかけです。人殺しに備える軍事費は連続して増額しているのに、人の命にかかわる社会保障費は連続して総額を抑制するという予算のあり方を問わなければなりません。加えて3・11からの「復旧・復興」にも税は優先的に使われるべきです。「軍・福」とは別に、ここでは「軍・復」の要求があっていいはずでしょう。新しい「軍福・軍復」運動が望まれてなりません。

日本のマスメディアに比べ、海外マスメディアの安倍政権に対する目は社会の公器としてのプライドが感じられる場合が少なくない。「安倍首相は戦争への謝罪にどうやら限定を置いたようだ」（ニューヨークタイムス）、「（戦後70年談話で）自説を譲らず」（フランクフルターアルゲマイネ）などの見出しも。8、そしてⅣの5も参照

Ⅲ　「民」が「主」となる民主主義

1983年７月15日、再審で無罪が言い渡され熊本地裁八代支部から出てきた免田栄さん（中央、時事）。免田さんは1948年に熊本県人吉市で起きた強盗殺人事件の犯人とされ、1952年に死刑が確定したが、再審請求にとりくみ、30年以上経ってようやく無罪となった。９参照

1　一票のアンバランスが「違憲」ってどういうこと？

――「正当に選挙された代表」の意味

「清き一票」が実は「〇・二票」？

二〇一二年一二月の総選挙で「圧勝」した自民党は、公明党との連立で政権に復帰しました。翌一三年七月の参議院選挙も、突如実施された一四年末の総選挙も、「自民圧勝」が続いています。その内実が本当の圧勝といえるかどうかは2で述べますが、世論調査等では自民党支持率がダントツの「一強多弱」ですから、今の選挙制度で代表を選べば、「一強圧勝」の結果になるのは当たり前でしょう。というのも、衆議院は小選挙区中心ですから相対トップの自民党が議席を得やすいし、参議院も、都道府県単位の四七選挙区のうち一名しか選べない選挙区が三一もあり、いってみれば衆議院と似た「並立制」になっていて、同じような「風」が吹いていた中での相次ぐ国政選挙でしたから、勢い、自民議席が「圧勝」するという似た結果になったのです。

さて、安倍政権の持論であった「戦後レジームからの脱却」、そのための憲法「改正」や教育「改革」、さらにはホットな「集団的自衛権行使」といった争点は、三度の国政選挙で有権者の主要選択肢にはならなかったのですが、それを「公約」に一応入れて議席上は「圧勝」した安倍自民党は、この公約で「国民の信を得たのだから、やらせてもらいます」と、居丈高に攻勢をかけ続けています。

選挙になると候補者がよく叫ぶ定番の絶叫が、「みなさんの清き一票を、ぜひこの〇〇に！」でしょう。しかしその「清き一票」も、その「重さ」が地域によってアンバランスになっています。二〇一三年七月の参院選では、鳥取選挙区の票を一とすると、北海道・兵庫・東京・福岡・愛知の各選挙区の票が較差四倍を超えました。五倍に近い北海道などは「清き〇・二票」になってしまっています。人口移動に見合った定数是正がされてこなかったためです。これでは「清き一票」と言われても、半人前どころが〇・二人前扱いしかされていない、まったく不平等だ、ということになります。

衆議院の小選挙区でも参議院の都道府県選挙区でも、一票の較差を防ぐには、人口移動に伴って速やかに是正すればいいだけです。一人一票の原則からすれば、較差が二倍を超えると一人二票になってしまうからいけない、というのが常識的な考え方でしょう。ところが、総定数を上限として決め、選挙区制の枠内で定数是正を行おうとすると、「〇増〇減」方式となり、どうしても定数を削減する選挙区が出てきます。しかしそこで当選してきた議員たちは猛烈に反発してなかなか決まらない——ということで、有権者が「選挙権の不平等」という権利侵害を裁判で争うようになりました。

最高裁のきつい警告

この種の裁判で最高裁は、世論を気にしてか最近では、国会多数派の「是正サボタージュ」に対し、かなりきつい警告を発するようになっています。

衆議院については二〇一一年判決で、二〇〇九年総選挙の時の較差二・三倍は「違憲状態」だとした上で、そもそも現行制度が、各都道府県にまず一議席を配分した後に人口比で議席を配分するいわゆる「一人別枠方式」をとっているため較差ができてしまうのだから、「一人別枠方式を廃止し、投票価値の平等の要請にかなう立法的措置を講ずる必要がある」とまで警告していました。ところが国会の多数派は「違憲状態」のままで一二年総選挙を実施してしまったのです。ただちに一六件の訴訟が起こされました。一審の各高裁判決は、はっきり違憲と断定したもの一四件、違憲状態としたもの二件、つまりすべて何らかの「違憲」判決が揃い、総選挙自体を無効と判決した、この種の裁判では初の判断が二件も下されています。にもかかわらず与党はいわゆる「〇増五減」という緊急避難的弥《び》縫《ほう》策に決着の力点を置き、結局はこれを（参院送付後、六〇日以内に採決されなかったため）衆議院で再議決までして、ともかくも「違憲状態」を脱することで事態の幕引きとしました（このこともあって、二〇一三年一一月の判決で最高裁は違憲状態としつつも無効とはしていません）。こうした弥縫策のまま二〇一四年総選挙が行われましたので、怒った有権者たちは、大量の選挙区で訴訟を起こし、現在進行中です。

国会での議論は、民主・自民・公明三党が、この「〇増五減」とは別に、国民に「消費増税」を求めるのだから国会も「身を切るべし」という定数削減の議論を絡めてしまい、しかも民主・自民はその削減を比例定数削減としても主張したため議論は混乱。最高裁が詰問した衆議院の「選挙権不平等」は小選挙区で起こっていることなのに、その是正とは無縁の比例区の議席を大幅に削減するという、まったく筋違いの「解決」方向を絡めたため、議論は暗礁に乗り上げています。

参議院の選挙区についても最高裁は、格差五倍で実施された二〇一〇年、格差四・八倍で実施された二〇一三年の選挙をともに「違憲状態」としました。そしてそれまでは参議院選挙区には「都道府県代表的性格」があるからと甘めに判断していた態度を捨て、「参議院選挙であること自体から、直ちに投票価値の平等の要請が後退してよいと解すべき理由はない」ので、「都道府県単位」による「現行の選挙制度の仕組み自体の見直し」をして「速やかに不平等状態を解消する必要がある」とこれまたきつく警告しました。これには国会もしぶしぶ応じて、二〇一五年七月、鳥取と島根、高知と愛媛とで選挙区合区を行う初の変更を決定しましたが、「一〇増一〇減」、つまり総定数は変えないという枠内で処理したので、較差は三倍寸前となお大きく、抜本的にただすために「都道府県単位の選挙制度」自体を改めることにまでは至っていません。

違憲の代表に改憲議論をする資格なし!

最高裁は、衆参ともに問題の選挙自体を無効とはしていませんが、今の制度を根本的に改めない限り、違憲の選挙になってしまうことを説いています。選挙を無効にしなかったのは、制度改正には時間がかかるだろうから、という理由にすぎません。だとすると、いま「当選」している衆参の選挙区選出議員は、憲法前文が冒頭で求める「正当に選挙された国会における代表者」なのか疑わしいのです。となると、衆参ともに過半の代表が違憲の嫌疑を受けているのに、改憲の発議はもとより、そもそも改憲議論さらには憲法解釈を根本的に変更するような重大な立法をする資格があるのか、という大問題が潜んでいるとはいえないでしょうか。

2 批判があっても総選挙で自民党は圧勝しましたね
——選挙制度と選挙報道を考える

自民・公明は「圧勝」した?

二〇一四年一二月一四日の総選挙の翌日、読売新聞と産経新聞はともに「自公圧勝」と大書し、朝日新聞は、「三分の二維持」と冷静に添え書きしつつもトップには「自公大勝」と大見出しをつけました。これに対し東京＝中日新聞のトップ見出しは「三分の二維持」のみにとどめています。毎日新聞も「自民横ばい」又は（版によっては）「自民微減」という冷静な表現をしていました。ただ、NHKをはじめとするテレビ報道は、軒並み「自公圧勝」を叫んでいたので、国民の多くはこの総選挙で与党が、従来を超えた「圧倒的勝利」を果したかのように受け取ったことでしょう。

しかしメディアが言うように、与党は本当に圧勝・大勝したのでしょうか。客観的なデータを冷静に見れば、決してそうではないことがわかります。

小選挙区制効果

まず小選挙区では、自民党は、敗北して政権を失った二〇〇九年八月総選挙よりも一六五万票も減らしていますし、「圧勝」して政権を再奪取した二〇一二年一二月総選挙からでさえ一八万票減らしています。小選挙区の自民党得票率は四八・一％でしたが、議席率では小選挙区二九五議席の七五・

三％（二二二議席）も取りました。どの程度の支持であっても、相対トップなら議席を独占できる、これぞ「小選挙区効果」です。自民党と選挙協力して立候補小選挙区を九に絞り込んだ公明党は、小選挙区得票率こそ一・四五％だけでしたが、全員当選して議席率は三・一％でしたし、逆に、沖縄の三選挙区を除く全小選挙区二九二に立候補した共産党は、得票率こそ一三・三％でしたが、当選は、他党派と選挙協力した沖縄一区の一議席のみで、議席率は〇・三％しかありません。第二党の民主党は、一七八小選挙区に立候補し得票率二二・五％を得ましたが、議席率一二・九％（三八議席）にとどまりました。つまり、自民党が相対トップの「一強多弱」体制で小選挙区選挙を行うと、その自民党と選挙協力をしない限り、「一強圧勝」の結果になるのは当然でした。

比例していない比例区

小選挙区は候補者個人に対する投票ですし、自民党でさえ全選挙区に候補者を立てたわけではないので、その得票数が各党への客観的な支持票になるとはかぎりません。今の選挙制度で各党への支持率を比較的よく示すのは、投票用紙に政党名を記載する比例区ですが、自民党の比例区得票率は三三％チョイしかありませんでした。しかし獲得した議席は、一八〇比例議席のうち六八議席、議席率で三七・八％もある、というズレがあります。つまり「比例」選挙なのに「比例」していません。これは全国を一一にも区分して「比例区」をつくっているので、各比例区の定数が少なすぎるケースがあるからです。たとえば最少の四国比例区は定数六しかなく、単純計算でも一〇〇％÷六＝一六・六六％以上の得票率を要するのですから、それ以下の支持票しか得られなかった政党には議席配分がないのです。配分方法には「ドント式」を採用していますが、ベルギーの数学者ドント（Victor D'Hondt）が考案した計算式で、大政党に有利な方法です。大政党に議席がドンと配分される、と嫌味の一つも言いたくなりますが、この点はほとんど議論されずに採用されました。

比例代表選挙を軸にしてきたドイツ連邦議会の選挙制度もドント式ですが、しかし比例選挙の結果で全議席数をまず仮配分し、その半数を、小選挙区でトップだった候補者に充てる（残りの半数を比例名簿で順次充てる）方法ですので、得票率と議席率とに原則として差異はありません。ただ、その比例代表議席を得るのに五％以上の得票がないと得られないといういわば足切り制度（いわゆる「五％条項」）を置いているため、民主主義の観点から一貫して批判されてきました。これに比べると日本の四国比例区はいわば「一六・六％条項」ですからもっと問題です。東京比例区でさえ定数一七ですから、「五・八％条項」があるのと同じなのです。最大の比例区は近畿の二九ですが、それでも「三・五％条項」ですから、生易しいものではありません。

自民党支持は有権者のたった一七％

小選挙区では一強圧勝、比例区でも大政党有利という制度的欠陥が見えており、おまけにこのたびははっきりしない解散理由でしたから、二〇一四年末総選挙の投票率は、戦後どころか、明治以来の憲政史上最低記録を塗り替え、五二・六五％に終わりました。比例選挙区で「自民」と書いた真正の支持者は、三三％チョイですから、投票者の三人に一人にすぎません。本来は意思表示すべき全有権者を基準にどれだけ得票したかというのを「絶対得票率」といいますが、この低投票率でしたから、自民党支持者は、全有権者のたった一七・四三％（三三・一一％の五二・六五％）、アバウトに言えば六人に一人にしかすぎませんでした。

それなのにメディアの「安倍政権圧勝」の大合唱はどうしたことでしょう。開票直後、安倍首相は各テレビ報道に精力的にハシゴ「出演」して、「勝利の笑顔」をふりまきました。そういえば、この解散を正式に表明したときも、安倍首相は東京のキー局に「出演」しまくって、「政権公約パンフレット」の通り、もっぱら「景気回復、この道しかない」とまくし立てていました。東京を本拠地にした全国紙・テレビ報道は押しなべてこの調子でしたから、全面対決の場となった沖縄県では、四小選挙区すべてで自民党が敗退し完敗したこと、山梨県の二小選挙区でも自民党候補者は当選できなかったことは、小さな「地方ニュース」扱いとなっています。

自民党は、衆議院解散前日の一一月二〇日に「選挙報道の公平中立」などを求める要望書を、各テレビ局に送りました。「出演者の発言回数や時間」「ゲスト出演者の選定」「テーマ選び」「街頭インタビューや資料映像の使い方」など詳細にわたるもので、前例がありません。その「要望」の効果があった報道に感謝してか、総選挙で「圧勝」した直後の一六日に、首相は主要メディアの代表格の面々を高級寿司屋に招待して、酒食を振舞っていました。これが「圧勝」の正体です。

3 衆議院と参議院、二つも必要なのですか？

――二院制と両院の「ねじれ」

法案の本質を見せた強行採決

「特定秘密保護法案とかけて、人間ドックととく。そのココロは、すぐサイケツです」――落語家・桂文珍さんの「作品」です。与党である自民党・公明党の選挙公約にはなかった法案なのに、またあれだけ批判を受けた法案なのに、衆参両院ともに「強行採決」を連発しました。そういえば第一次安倍内閣期一年間で、教育基本法改定案など実に二〇回に及ぶ「強行採決」がなされました。この政治家には常習性があるようです。安倍首相は名字をよく「安部」と間違えられるので、「私の名前は安心が倍になる安倍です」と言うそうですが、これでは「不安が倍になる」政治家でしょう。特定秘密保護法を乱暴に強行成立させたあとで、この政治家に「丁寧な説明が必要だった」と「反省」されても、信用できません。案の定、同じことが戦争法案衆議院強行採決の後でも言われました。参議院では「国民の理解が得られていない」ことを白状しつつも暴力的に強行採決です。

秘密法の審議は衆議院で四二時間、参議院で二二時間、だから「熟議を重ねた」と首相も官房長官も言いましたが、審議の多くは担当大臣のしどろもどろ答弁、とんちんかん答弁で費やされていました。衆議院一一六時間三〇分、参議院一〇〇時間とされた戦争法の場合も同様で、首相や防衛大臣の答弁が答弁になっていない、あるいは暴言さえ連発したため審議中断が頻繁に起こり、衆議院で一一〇回、参議院では一一四回に及んでいます。それでも可決できたのは、両院ともに与党の議席が過半数になり、「野党」の中にも与党補完勢力が少なからずいたためでした。野党なのに与党を補完する政党を、「や」と「よ」の間にある「ゆ」党というそうですが、しばしば与党にくっつく「癒」着の党なのかもしれません。

二〇一二年一二月総選挙で政権が再交代し、二〇一三年参院選で国会の「ねじれ」が解消した、とよく言われます。衆参の勢力配置が「逆転」しているだけなのに、それを「ねじれ」と呼ぶのは、異常なこと、したがって解消すべきこと、という印象をふりまいていたでしょう。

この言葉は、一九八九年、消費税が三％で導入されたとき、これを批判した社会党（当時）が参院選で大勝し、与党が過半数を失ったときにマスメディアが命名したのが始まりです。こうして「ねじれ」てからは、衆議院の議決が優先する案件（予算・条約・首相指名など）を除き、圧倒的な案件である法律案は、与党が数の力で衆議院を通過させても、参議院で可決できず、衆議院で再議決するだけの議席もないので成立しなかったり、逆に参議院で可決した法案が衆議院で否決されることも起こりました。数で強行できなくなりなかなか法案等が成立しない日が続くと、そうした事態にマスメディアは、これを「決められない政治」と批判し、その元凶のように「ねじれ」が批判されてきました。

二院制の存在意義・選出方法

しかし、二院制をとる国で、両院の与野党勢力配置が逆になるのは、特段珍しいことではありません。選挙の時期を「時間的」に、選挙の方法を「空間的」に異ならせるなどして、民意を多様に反映させるのが、二院制の本来の趣旨ですから、「ねじれ」が起こってもむしろ当然なのです。

明治憲法は身分制を前提にした二院制でした。貴族層を代表する貴族院と庶民層を代表する衆議院との二院制です。もちろん身分制は批判されるべきですが、時代の変化をより直截《ちょくせつ》に反映したのが衆議院で、これに対峙《たいじ》したのが保守的な貴族院だったので、両院の「ねじれ」がよく起こっていたという事実が、ここでは重要です。戦時になると教育とマスメディアにあおられた「庶民」＝衆議院が戦争推進に熱狂し、貴族院が時にはこれにブレーキをかけるというケースもありました。

今日でも、米国やドイツのような連邦制をとる国では、連邦構成国代表で構成される院（米国の上院、ドイツの連邦参議院）と、国民代表で構成される院（米国の下院、ドイツの連邦議会）との間に「ねじれ」が生じることはしばしばです。二〇一四年一一月中間選挙まで米国議会は、上院が民主党、下院は共和党が多数で、オバマ民主党政権が下院との間でさまざまな熟議・妥協をしてきたのも「ねじれ」のゆえですが、だからといって「ねじれ」がよくないという政治風土はありません。

どちらも公選の二院制で民主主義を高めるために、多くの国では、双方の選挙制度を異ならせる「空間的多元性」をとる、あるいは双方の選挙時期を異ならせる「時間的多元性」をとるという工夫をしてきました。要するに民意を「丁寧に」反映させる工夫です。

ところが日本のいまの二院制は、特に一九九四年の「政治改革」で衆議院に小選挙区比例代表並立制を導入して以来、衆議院が参議院に似た選挙方法になってしまいました。というのも、参議院の都道府県選挙区は、一人を選ぶいわば「小選挙区制」が四七中三一県もあり、この多党化の時代にたった二人しか選ばない選挙区も一〇道府県あって、それと「比例選挙」とがいわば「並立」しているかっこうだからです（二〇一五年の変更で一人区は四五選挙区のうち二九となります）。こうして衆参の違いという「空間的多元性」は薄められてしまいました。「時間的多元性」の方も、「次回は衆参ダブル選挙だ！」という噂が何の疑問もなく流されたり、二〇一二年末の政権再交代後は、たった半年後に参院選があって自民党の両院「圧勝」を可能にした、といったぐあいに、時間差で多様な民意を反映させようという意識もありません。これでは「参議院無用論」が噴出して当然でしょう。

「決められる」ことがいいことか？

民主党政権時代の内閣提出法案成立は五〇％ほどだったのに対し、二〇一三年参院選で「ねじれ」が解消した一八五臨時国会では一気に八七％に高まり、二〇一四年前半の一八六通常国会では実に九七％になり、かくして「決められない政治」から脱却できてよくなった――のでしょうか。

問題は「何が決められたか」でしょう。特定秘密保護法のような危険な法律が、ろくな審議もなく強行採決を重ねてキメられたこと、巨大与党議席をバックに、日本の平和国家のシンボルであった「武器を売って商売しない」原則＝武器輸出禁止三原則の放棄を内閣がキメたこと、そしてきわめつけは、海外で戦争することを可能にする戦争法を暴力的にキメたこと、つまり、とてつもなく重要なことを、まともな国会議論・国民的議論もなくキメたことは、キメの細かい民主主義とは無縁です。

4　みんなのことをみんなで決めるとは？
――民主制のしくみの原点

自分たちのことは自分たちで決めたい

学生時代は「下宿」に住み、結婚してからは「アパート」暮らし、やがて購入した住居は「マンション」の一室でした。そのころ大学で出会った英国人に「どんなところに住んでいるのですか？」と聞かれ、不用意にmansionだと答えたら、目を丸くして驚かれたので、そうそうと思いだし、apartmentだと言いなおしたことがあります。英米でmansionというのはかなりの豪邸のことで、日本ではその豪華感だけを拝借して、賃貸でも分譲でもちょっとした集合住宅（apartment）を「マンション」と呼んで定着させてきましたから、ついついこの和製英語を使ってしまい、大いなる誤解を与えてしまったというしだい。

この「豪華アパート」を「マンション」と呼んで分譲販売するのは、日本の高度成長とともに急増しましたが、一棟の住宅に多数の区分所有者がいるので、その維持管理は、区分所有者全員で行うこととなっています。その法律が「区分所有法」ですが、俗称では「マンション法」と呼ばれてきました。この法律により区分所有者による「管理組合」が置かれ、小規模だと全員参加の運営が行われています。わが「マンション」は一〇戸ほどの小さな代物ですので、一〇人前後の全員参加による管理組合ですが、それでも意見の違いがある議題では紛糾し、合意を取るのに手間取ることは少なくありません。しかし、「マンション」暮らしを安全・快適に続けたいという思いは共通なので、できれば全員一致で合意したいと議論を重ねてきました。そのように話し合ううちにお互いが理解し合い、小さな共同体が育っていくわけです。

日本の自治体には「直接民主制」の例があった

「自分のことは自分で決める！」というのは人間のありようとしてまっとうな願いでしょう。ですから「自分たちのことは自分たちが全員で決めたい」という思いも自然に生まれます。「民」が「主」である「民主主義」とは、そういう自然の流れをベースに生まれてきました。ただ、少人数の「マンション」管理組合ならともかく、政治の世界では、何でもかんでも全員で決めるのは物理的に不可能ということがありえますし、ふさわしい決定方法ではないこともありえます。そこで歴史の知恵は、代表を選んでその代表に決めさせ、その決定プロセスを、選んだ人々がいつも監視する、決定したことを再検討する道も用意するというしくみを考え、実施してきました。

スイスの地方自治体では、いまでも議会を置かず、有権者が一堂に集まって町のことを決めているところが少なくありません。日本の地方自治体でも、町や村が議会を置かず、有権者の総会だけですますことができるという「町村総会」の制度が定められています（地方自治法九四条）。一九五五年に八丈村と合併するまでの、八丈小島にあった東京都・宇津木村がそうでしたし、一九五四年に箱根町等と合併するまでの神奈川県・芦之湯村がそうでしたが、いまはもうありません。いずれも極端な少人数の自治体であったためでしたから、意識的に直接民主制を選択した、というのではなさそうです。

民主主義とは「民（たみ）」が「主（ぬし）」のこと

国民・住民が政治の主人公だといっても、代表を選んで、ふだんはその人々に政治をさせるのが、通例です。というより憲法は、国政については、国民が「正当に選挙された国会における代表者を通じて行動する」ことを、むしろ原則としているといえるでしょう（前文）。「民主主義」とは、読んで字のごとく、「民」が「主」である政治のことにほかなりません。それが代表制になるのは、規模の大きさという物理的理由にもよりますが、とりわけ現代では、政治・統治が高度化・複雑化してきたので、一定の専門性と総合性が不可欠となってきたためでもあります。

現代政治の高度化・複雑化は、こうして政治・統治担当者のプロ化を引き起こします。「政治家」という特別の領域ができるのもそのせいでしょう。「官僚制」も同様です。しかし、そうしたプロに政治・統治を任せたままでは、主権在民の民主主義ではありません。かといって、主権者国民が毎日「政治」を行うこともできません。国民の政治を国民から遊離せず国民の手の届くところで、しかし国民の代表が営む、という大変に難しい課題が、ここにはあるのです。

独任制と合議制

国民が選ぶ代表機関といっても、その機関のポストが一人の場合もあれば、かなりの数の代表者の場合もあります。一人の代表によるものが「独任制」、複数の代表が協議してすすめるのが「合議制」と区分されます。米国は、連邦では大統領（president）という独任制の首長と合議制の議会（congress）とを、また、各州（state または commonwealth）でも知事（governor）という独任制の首長と合議制の州議会とを、それぞれ国民（州民）代表機関にしています。

日本の場合はこれとちがって、主権者国民が選んで編成するのを国会だけにし、だからこそこれを「国権の最高機関」（憲法四一条）としました。この国会が合議制の機関であることはいうまでもありません。そのうえで国会は、国会議員の中から内閣総理大臣を指名し（六七条一項）、その内閣総理大臣が国務大臣を任命して内閣が編成されます（六八条）。内閣総理大臣は、他の大臣よりも大きな特定の権限を持つ限りで、独任制的とはいえますが、内閣自体は、「国会に対して連帯して責任を負う」（六六条三項）合議制の機関です。他方、地方自治では、知事・市町村長という独任制の首長と、一定数の議員で構成される合議制の議会とを、ともに住民の直接代表機関としています（九三条二項）から、いわば米国型を取りました。

独任制は「決められる政治」向きといわれ、内閣総理大臣の権限をそのような方向に強化して運営しようという動きもありますが、「決められる政治」とは「決める」内容しだいですし、ヘンに「決められる」政治よりは、合議制で時間をかけて主権者国民の前で熟議して決める方がいい決定が得られそうです。

全員で審議・決定する小規模マンション管理組合もそうだという印象ですが、どうでしょう。

5　一八歳になれば有権者、これはいいことですね
——一八歳選挙権と憲法改正投票の関係

「成人」映画は一八歳以上ですが……

今は「R18+」と呼ばれる、年齢で入場制限をされる劇場映画があります。Rとはrestrictedの略号で、これに「18+」がつくと「一八歳以上鑑賞可能」という意味です。こうした映画は、長らく「成人映画」と呼ばれてきました。「成人」しか見られない映画館の前を通ると、いかにもの看板があって、「未成年」だったころはそれを見ただけで妙な気分になったものです。ここでは「成人」つまり「おとな」は一八歳からです。「成人」というと「成人式」があって二〇歳が常識化してきましたが、「おとな」と同じ扱いになる年齢は分野によってまちまちで、いずれも法律上定められています。

さまざまにあるおとな年齢

憲法は「公務員の選定罷免権」を「国民固有」の権利と定めながら（一五条一項）、「公務員の選挙」ができるのは「成年者」と限定しています（同三項）。これは、生まれたばかりの子どもに選挙は無理、ということからもわかるように、選挙権といっても国民であればだれでもが年齢的に可能とは限らない、という事情を背景にしています。もちろん選挙ができるかどうかは、個人差がありますから、年齢で区分するのはアバウト過ぎるという批判はあるでしょう。しかし年齢のどこかで線引き

をしておかないと選挙という制度が成り立たない、というのも理由のあることです。憲法はそれを「成年者」と決めましたが、何歳で成年者になるのかは明示していません。

「成年」の年齢は、市民間の基本法である民法が四条で「二十歳をもって成年」と定め、これが基準とされてきましたが、さまざまな法律で、二〇歳未満でも「おとな」扱いをしてきた領域がありました。身近なところでは、電車代・バス代などの交通料金が一二歳以上で「大人」料金です。あるいは、おとなのように刑事処分を受けるのは一四歳からですし、おとなのように労働する、遺言する、臓器移植のドナーになる等々は一五歳からできますし、結婚は女性の場合は一六歳、男性の場合は一八歳からでき、成年までは保護者の同意を必要としますが、結婚すれば「おとな」扱いです。ただしこの年齢差には、古い家族観も滲《にじ》んでいて、平等の観点からの批判も少なくありません。ほかにも、原付自転車は一六歳、自動車免許は一八歳から取得できるなど、二〇歳以下でもさまざまに「おとな」扱いを受けることができます。このように、分野によって微妙な相違でおとなになることが法定されていますが、それぞれには法定された時代の背景もあり、ということは、今も合理的根拠があるのか、点検しなければならないでしょう。

ですから選挙権も、二〇歳にこだわる必要はないのですが、一九四六年の日本国憲法公布とともに制定された公職選挙法が、それまでの二五歳以上の男性のみだった選挙権を、性別を問わない二〇歳以上という普通選挙権に拡大して以来、民法上の成年と選挙権年齢とが同じという運用を続けてきたため、そういうものとして定着してきています。ちなみに、民法の成年規定は一八九六年制定以来の原則ですが、これは当時の徴税制度が納税義務を、また徴兵制度が兵役義務を、それぞれ二〇歳以上に課していたことと、密接な関係がありました。となると、二〇歳で徴税し徴兵する国家に対し、その政策決定過程に有権者として国政にコミットできない制度は、それだけでひどいことになりますが、明治憲法は国民主権ではなかったので、「民」の声を聞く構造になかったのです。早い話が、女性の選挙権をまったく認めないまま、明治憲法体制はひどい女性差別政策を進めていました。

一八歳選挙権の実現

二〇一五年六月一七日、選挙権を一八歳以上に引き下げる公職選挙法改正が参議院で可決され成立しました。六月四日の衆議院可決と同様、全会一致で、しかもかなりのスピード審議です。一八歳選挙権は世界の趨勢《すうせい》（二〇一五年現在で選挙権年齢が明らかな一九二の国・地域のうち、一七〇が一八歳かそれ以下）ですし、かねてから各方面でこの要請は出ていましたから、当然の成り行きといえばいえましょう。これで増加する二四〇万人の新有権者は、全体の七％を占め、まずは選挙の活性化が期待されて当然です。ただ、この実現のために協議してきたのは、共産党・社民党を除く与野党八会派のプロジェクトチームであり、このチームの立ち上がりは二〇一四年六月一九日のことであって、その一週間前の一三日には「憲法改正国民投票法」改定が成立していて、いよいよ一八歳以上の国民による「憲法改正国民投票」がいつでもできるようになっていた、という背景は無視できません。

現にチーム座長として牽引したのは、自民党憲法改正推進本部長（船田元衆議院議員）でしたから、一八歳選挙権実現が改憲プランとリンクしていたことは歴然でしょう。そういえば、一八歳選挙権推進の市民運動ＴＲＭ（Teen's Rights Movement）の呼びかけ人には安倍昭恵首相夫人が入っていました。一八歳選挙権の施行は二〇一六年七月で、次回の参院選挙から実施されますが、他方で、できれば参院選と同時に、あるいは二〇一六年中には初の憲法改正を、という動きも見え隠れしています。

高校生の自由な政治学習・政治活動は欠かせない

投票するという行動は、投票所に行って候補者名を書いて終わり、というほど簡単なものではありません。その選挙で何が争われていて、どの候補の訴えが正しいかを、可能な限りチャンスをつくって討論し、可能な限り資料を得て、熟考して決断するという政治的判断が求められます。

一八歳になるのは、多くは高校三年生。つまり高校生活のさなかに選挙権を行使するわけですから、高校生活でも準備が必須でしょう。しかし政府・自民党は、一貫して高校教育の場が「政治的」になることを抑圧してきました。案の定、一八歳選挙権が成立するや七月二日、自民党文教部会は、「学校教育における政治的中立性の確保」のため、教員らの「政治活動」に対し罰則を科して制限することや、高校生の政治活動を「抑制的」にする「指導」を求める「提言」をしました。これに応えてか、文科省も高校内の「政治活動」を引き続き禁止すると、似たような構えを見せています。こういう構えこそが、これまでの学校教育を通して、「政治には近づくな」といった感覚を植え付け、政治的無関心層をつくってきたのに、です。選挙権は成人映画ではありません。

6 戦争法案の委員会「可決」ってめちゃくちゃでしたね

——法案「成立」の真相

国会議員は体力が大事?

もう四半世紀も前のことですが、国会の委員会から呼ばれて意見を述べる機会がありました。当時国会で大問題になっていた、いわゆる「PKO等協力法」案について、専門家としての意見を公述してほしい、という依頼です。一九九一年一一月二二日のことで、衆議院に設置されていた「国際平和協力特別委員会」からでした。「海外派兵はしない」はずの自衛隊が初めて海外に出動する法案だっただけに、平和を求める一市民としてはもとより、平和憲法に心を寄せる憲法研究者としても、違憲の疑いをもっていた法案でしたから、あちこちで批判的発言をしていましたので、二つ返事で承諾。しっかり準備してこの公聴会に出かけました。

公述人は全部で五人。意見は一人一五分以内と厳格に限定され、公述がすべて終わると各会派委員との質疑応答があるのですが、これも時間が限定されていて、まともな論議にはならないままに終わりました。公述の間、最前列の自民党議員がずっと居眠りしていても、誰も咎《とが》めない——このだらけた空気は何だ? と痛感したしだいです。現にその後の委員会審議でも、公聴会のことは話題にさえならず、そうこうするうちに五日後の一一月二七日夕刻、突如ある委員が「審議打ち切り動議」を提案した、らしいことを契機に、委員会室は大混乱。紙は乱れ飛び椅子はひっくり返り野次と怒号で何がなにやらわからない中、一部委員が起立し万歳を叫んで、テレビ映像ではテロップが「可決」と報じていました。驚いたのは、この「動議」を提案するためにマイクにしがみついて叫び、抗議する他の委員にもみくちゃにされてがんばっていたのが、あの居眠り議員だったことです。これだけ体力のいる「仕事」を控えていたので、公聴会では鋭気を養っていたのか、と妙に納得したしだい。

公聴会は通過儀式？

国会の各種委員会では、しばしば「公聴会」が開かれます。これは戦前の帝国議会にはなかった制度で、戦後民主化の一環として米議会の hearing 制度にならい、導入されました。国会法五一条によれば、「一般的関心及び目的を有する重要な案件」については公聴会を開き、「真に利害関係を有する者又は学識経験者等から意見を聴くことができる」と定めるとともに、総予算案や重要な歳入法案については開催義務があることを定めています。こうした規定をもとに、予算案は当然としていわゆる重要法案審議では公聴会が必ず開催されなければならないという慣行もできてきました。

それはそれで、国会運営に多様な声を反映させる手法として評価できるでしょう。特に専門家の意見を聞いて審議に役立てるのは重要な現代的手法です。ただ、四半世紀前の一件の他にもいくつかの公聴会で公述してきた体験からすると、「はい、やりました」式の通過儀式のように扱われていて、呼ばれる側としてはいい気分ではありません。その極めつけが、二〇一五年、戦争法案審議中に開催された衆参両院の「平和安全特別委員会」の公聴会だったでしょう。

通過儀式にもならなかった?

戦争法案は、二〇一五年五月一五日に内閣から衆議院に提出され、衆議院特別委員会での審議を経て七月一五日に「採決」されていますが、それに先立つ七月六日には、さいたま・那覇の両市で地方公聴会が、一三日には中央公聴会が開催されています。しかし地方・中央の公聴会での意見や質疑がその後の委員会で話題となり、具体的に審議に反映された形跡はありません。特に中央公聴会では、与党筋からは「これが済めば採決だ」と公然と語られ、現に二日後には強引な委員会「採決」に突入しています。本会議ではこれに抗議して多くの議員が退席するなか一六日に「可決」とされました。

参議院の審議はもっと乱暴です。七月二八日から始まった特別委員会審議は、衆議院審議以上に政府答弁が迷走し、重要な論点の多くにたどりつけないまま、九月一五日に中央公聴会、翌一六日午後には横浜市で地方公聴会を開催し、衆議院と同様に、さまざまな意見が提示され質疑もなされました。ところが横浜から帰京した委員長や与党委員は、公聴会のことなど目もくれず、採決を前提とした委員会開催に向け爆走する始末。あげくに一七日午後四時すぎ、「採決」なるものが、わけのわからない中で行われた、となりました。特に直前に開催された横浜地方公聴会については、委員会審議に不可欠の「報告」さえまったく行われず、公聴会での公述人の中からは、特別委員会での公聴会報告まで手続きを戻して委員会審議をし直すべきだという、当然で重要な要請が出ていました。

「公聴会開催は採決の前提」という手続きだけがむなしく突進するなか、公聴会での意見と質疑を審議に役立てる、というこの制度の趣旨は、完全に形骸化《けいがいか》されていたのです。

防衛大学方式が国会に！

それにしても九月一七日の参議院特別委員会「採決」は、乱暴の極致でした。委員長が着席するや自民党筆頭理事・佐藤正久議員が指揮して自民党若手議員十数名が委員長を取り囲み、その人壁の奥で委員長が、ペンライトでなにやらペーパーを読む、するとそのつど佐藤理事が委員席に向かって合図する、すると「賛成」するとする委員が起立する――という光景が何度も繰り返されました。この間に、委員会質疑打ち切り動議、二つの法案そのもの、（かなり長文の）付帯決議、審査報告書作成の委員長一任等々といった、かなり時間を要するはずの「提案」と「採決」がなされた、ことにされてしまっています。しかし実際は、ナマ中継していたテレビ画面でも明らかなように、せいぜい三分以内のことで、後刻あきらかになった議事速記には、「委員長（鴻池祥肇君《こうのいけよしただ》）……（発言する者多く、議場騒然、聴取不能）、委員長退席、午後四時三六分」と書かれているだけでした。これが「丁寧な議論」を尽くしたとされる国会（委員会）審議の真相です。

真相といえば、この採決場面で佐藤議員が指揮を執った方式は、元自衛隊一等陸佐の経験を生かしてか、防衛大学開校祭で行われる「棒倒し」に使われる「かまくら」という陣つくりだったそうで、事前に周到な訓練を積んでいたといいます。

「平和のため」を標榜《ひょうぼう》する法案は、実に暴力的に「可決」されました。マッチョな自民党政治は、四半世紀前と比べ、進化し、深化しているようです。

7 戦争させない最後の砦は「国会承認」？
――自衛隊出動に対する「国会承認」制度の真相

法令用語の特異な約束事

日本の法令・官庁で使われる用語は、世間ではあまり通じない独特の約束を持っている場合が少なくありません。同じ'and'でも「及び」と「並びに」は違うし、'or'も「又は」と「若《も》しくは」は違うと言われても、門外漢には「え？」でしょうね。そんなややこしい言葉の使い分けの一つに、「直ちに」と「速やかに」と「遅滞なく」は違う、というのがあります。日常生活ではどれも「急いで」という意味に理解されているでしょう。しかし法の世界では、その「早さ」の程度がかなり違います。「直ちに」が一番早く、次が「速やかに」で、「遅滞なく」になると、さして急ぐ必要はありません。ちなみに一番早い「直ちに」は本当に早くて、たとえば皇室典範四条では、天皇が死亡すれば、皇嗣《こうし》が天皇に「直ちに即位する」と定めていますから、この人が「国民統合の象徴」としてふさわしいか、と議論する余地などまったく予定していません。「間髪入れず」です。

自衛隊出動に対し緩み続けてきた国会関与

自衛隊は違憲の軍隊＝戦力だということはともかく、その軍事行動は日本国民の命運にかかわる重大事です。そこで、自衛隊が軍事行動を起こす場合は、本当は国民投票で決めたいところですが、せめて国会がオープンに議論しコントロールしなければなりません。ある日突然「日本国は本日○時○分、○○国と戦闘状態に入りました」と知らされたのでは、たまったものではないからです。

自衛隊ができたときは、自衛隊が違憲だという声に包囲されて、国会の厳しいコントロールが予定されていて、「外部からの武力攻撃」に対処する自衛隊の「防衛出動」を命令する首相は、原則として国会の「事前承認」を要しました。ただし、「特に緊急の必要がある場合」はこの承認なしに命令できるとされていたので、「これで歯止めか？」という批判がありました。それもあって国会承認なしの出動命令でも、そのあと「直ちに」国会承認を求めなければならず、国会がノーと決めたら、出動した自衛隊は「直ちに」撤収しなければならなかったのです（二〇〇三年改定前の自衛隊法七六条）。

一九九二年のPKO等協力法は、初の自衛隊海外出動法でしたから激論と批判を受けました。それもあって自衛隊による「国際平和業務」は国会事前承認とされましたが、国会が閉会中・衆議院解散中は国会召集後「遅滞なく」承認を求めればよい、と緩められました（PKO等協力法六条）。一九九九年の周辺事態法は対米軍事協力法ですので、自衛隊の出動は原則として国会事前承認とされましたが、しかし「緊急」の場合には「速やかに」事後承認とされ、緩みは大きくなりました。

二〇〇三年の武力攻撃事態等対処法になると自衛隊法の出動手続はこの法律に組み込まれ、かなり緩みます。政府は、「外部からの武力攻撃」だけではなく、それが「切迫」している、さらには単に「予測」されると認めれば武力攻撃事態「等」が起こったとして、自衛隊の軍事行動を含む「基本方針」をまず決定します。政府はその基本方針の国会承認を「直ちに」求めはするのですが、「求め」

るだけで、国会が時間をかけて審議している間に、基本方針に基づく「対処措置」、つまり軍事行動のほとんどはどんどん実施され、国民への強制も進みます。おまけにこの国会事前承認でさえ「特に緊急の必要があり、事前に国会の承認を得るいとまがない場合」は後回しにしてよいと緩めました。国会がこの基本方針をノーと議決すれば、やめさせられるのですが、それは「速やかに」終了させると、いささかゆったりしています（武力攻撃事態法九条）。米国のアフガン戦争・イラク戦争に協力するために制定された二〇〇一年のテロ特措法と二〇〇四年のイラク特措法は、もっと緩んで、自衛隊出動計画を軸に政府が決定する「基本計画」は、国会に「報告」するだけでよく、それも「遅滞なく」やればいいとのんびりしていましたし、具体的な出動には国会承認を必要としましたが、国会開会中でさえ出動後二〇日以内でよく、閉会中ならその後召集された国会で「速やかに」、しかも「求め」さえすればいい、という具合です（テロ特措法五条・イラク特措法六条）。

例外なき事前承認？

二〇一五年四月二二日の各紙は、戦争法案について前日の与党協議でまとまった国会承認制度を大々的に報じました。各紙の見出しを見ると、読売新聞は「自衛隊派遣『例外なく事前承認』合意」、産経新聞は「他国軍支援、例外なき事前承認」、朝日新聞でさえ「自衛隊後方支援『例外なく事前承認』」といった調子で、あたかも自衛隊出動がすべて国会事前承認になるかのような大見出し。毎日新聞が「恒久法『例外なく事前』、事態法では『事後』容認」、東京＝中日新聞が「『例外なき事前承認』は一部、国際貢献の他国軍支援のみ」と見出しを付けたトーンとは大違いです。

戦争法は二本の法律で構成され、一本は自衛隊法・ＰＫＯ等協力法・周辺事態法等一〇本の既存法律を一括改定した法ですので、すでに緩めてきた国会承認制度は、その方向を強めて維持されています。もう一本は「国際平和支援法」と称する新法で、これは時限立法だったテロ特措法・イラク特措法・補給支援特措法を継承しつつ、自衛隊が、ＰＫＯ等協力法によるものを除く「国際平和支援」を、地理的にも時間的にも限定しないでどの国の軍隊に対しても行う全く新しい恒久法ですから、さすがにこの法律では「国会事前承認」をいわざるを得ませんでした。

しかし、軸となる対米軍事支援は、わざわざこの新法によらなくとも自衛隊法等の改定でほとんどできるところがミソで、実際はさしたる規制にはなりません。戦争法全体から見たら「例外なき国会事前承認」こそがむしろ「例外」なのです。加えて、新法の「国会事前承認」といっても、両院が七日以内に議決するよう求められていますので、本来の「事前承認」ではありません。こういう欠陥が多く、国会事前承認かごく一部の制度を、主要紙のように見出しを打つのは、虚偽報道に近いでしょう。

戦争法成立寸前に与党と次世代の党などが合意し、これを理由に次世代の党などが賛成に回った「国会関与の強化」策も、それを付帯決議と閣議決定にしただけで法案が変わったのではありません。

そして、仮に国会承認案件になったとしても、昨今の国会を見る限り、むしろシャンシャンと「直ちに」または「速やかに」これを「承認」する「決められる政治」が待っていることも、想定しなければならないでしょう。

8　首相はいつでも衆議院を解散できるのですか？

――「首相の解散権」とは何か

なぜ一二月一四日だったか

もと赤穂藩国家老・大石内蔵助をリーダーとする四七人の赤穂浪士が、主君のかたき・吉良上野介に仇討《あだう》ちを果たしたのは「元禄一四年一二月一四日」ですが、これは旧暦ですから、今の暦でいえば一七〇三年一月三〇日のことでした。しかし毎年一二月一四日になると、赤穂市や各四十七士ゆかりの地で「義士祭」が開催され、あるいは一二月一四日に合わせてさまざまなイベントが行われます。ところが二〇一四年一二月一四日のメインイベントは、同じ四七でも第四七回総選挙でした。そうなったのは偶然かもしれません。ただ、この日に安倍首相がこだわったというまことしやかな話があります。

安倍晋三の「晋」が、故郷・山口ゆかりの幕末の志士・高杉晋作の名からとられており、本人も高杉晋作を尊敬していることは周知の事実ですが、二〇一四年七月に高杉の墓に献花した時、記者団に「まさに志が定まった感じだ」と述べたという報道がありました（七月一九日・産経新聞）。この時は、ごく一般的な「志」のことと思われていましたが、後に衆議院解散のこと、それも総選挙を一二月一四日に行う「志」ではなかったかという憶測を呼んでいます。というのも、高杉は伊藤俊輔（後の伊藤博文・初代首相）ら同志とともに元治元年（一八六四年）に下関・功山寺を拠点として、幕府側に傾き始めた長州藩に対しクーデタを起こしますが、その計画した日が一二月一四日（実際は準備の関係で一日遅れの一五日）であり、それは、吉良邸討入りを「義のための決起」として高く評価していた師の吉田松陰の教えにしたがった結果であった、と言われているからです。

衆議院が解散になるときは、ふつう「解散風」という「風」がかなり前から吹くものですが、二〇一四年末の解散は突風のごとくでした。メディアで最初に予測・観測記事を書いたのは一一月九日の読売新聞でしたが、「複数の政府・与党幹部の話」を情報源に「今国会で衆院解散・総選挙に踏み切る方向で検討していることが分かった」というあいまいなもので、このスクープについて聞かれた首相は「全く考えていない」と明言していました。しかし後でわかったことによれば、一一月七日には谷垣自民党幹事長と山口公明党代表には「年内解散を検討している」と伝えたそうですから、実はかなり以前に、ひょっとすると七月にはもう「志が定まった」のではないかともいわれています。

首相の解散権？

「昔から首相は解散で嘘をついても良いことになっている」と言い放ったのは森喜朗元首相ですが、この人物を長としたことのある自民党派閥（清和会、現在は清和研）に属している安倍首相も、先の「全く考えていない」発言を後に批判されたとき、「解散について首相に聞けば『考えていない』と言うのが決まりだ」と開き直っていました。このように衆議院解散は首相の自由な「専権事項」とされていて、自分や自党に有利となるよう実行できる「権限」であるかのようにいわれてきています。

しかし、衆議院解散は、れっきとした憲法所定の国家行為です。では日本国憲法はどう定めているのでしょう。まず、解散に関わるのは「首相」ではなく「閣議」です。「首相による解散」とはどこにも書いてありません。ただ、首相が解散を閣議に提案した時、反対する閣僚がいたら、首相は任意にその閣僚を罷免することができます（憲法六八条二項）から、事実上は首相に解散権があるともいえましょう。ただ、日本の議院内閣制は、首相が突出した権限を持つ制度ではない合議制の制度ですから、「首相の解散権」をあまりに強調することは憲法の趣旨に沿わないことになります。

日本国憲法下での衆議院解散

さて、先の衆議院解散も、天皇が署名捺印した「解散詔書」という文書が衆議院議長に届けられ、それを議長が朗読して実施されました。衆議院議員はこの瞬間にいわば「全員解雇」となったのですが、なぜか自民党や準与党の議員はここで「万歳！」と叫ぶ奇妙なならわしがあり、今回もやっています。明治憲法下では、衆議院解散は天皇の権限だったので、それを行使した天皇に対して「万歳！」を叫んだ慣例から来ているようです。そういえば解散詔書に天皇の署名捺印があることを、議長は厳かに「御名御璽《ぎょめいぎょじ》」と言っていました。これも戦前のままです。そもそも現憲法でも、「衆議院を解散すること」は天皇が行うこととされていて、そのことは憲法七条三号に定められています。ただ、そのままだとまるで戦前と同じですから、憲法はこうした天皇の行為を「国事行為」と定めました。「国事行為」というのは形式的な行為のことで、その形式的行為に対して「内閣の助言と承認」

を要する（三条・七条）と決めています。そこで、このたびも、内閣が天皇に衆議院の解散を「助言」して、天皇が「では解散しましょう」と「決定」し、それを内閣が「承認」した、という「物語」にしています。

しかし天皇の「国事行為」というのは形式的行為ですから、憲法は、それぞれの国事行為の実質的決定をどの国家機関がするか、別に定めています。たとえば首相や最高裁長官の「任命」は天皇の国事行為ですが、首相は「国会」の、最高裁長官は「内閣」の「指名」で実質的に決まります（六条）。天皇はその指名と異なる任命をすることはできません。

では、衆議院の解散を、憲法は、別途どこで決めているのでしょうか。それは六九条で、衆議院が内閣不信任を決議したとき、内閣がおとなしく総辞職しないで、国民に信を問うために衆議院を解散する場合だけです。これは道理のあることで、議院内閣制をとっているのに、内閣を生み出した第一院の衆議院が内閣を「不信任」するという、これぞ「ねじれ」になった場面なのですから、内閣か衆議院か、どっちが国民の意思に合っているのか信を問おうじゃないか、と衆議院を解散する場合です。

百歩譲って、この六九条以外の根拠で内閣が衆議院を解散できるとしても、それは議会制民主主義の見地から、六九条のように内閣と国会の意思が食い違う重大場面に準じた場合と、内閣が前回総選挙で信を問わなかった重大政策を遂行したい場合に限ってでしょう。

二〇一四年一二月一四日に、不意打ちクーデタの「討ち入り」のような解散を仕組んで、慌てふためく野党に対し首相がにんまりとほくそ笑むのは、議会制民主主義とは無縁のシーンです。

9 愛する人を殺されたら犯人を殺したいのは人情でしょうか?
――死刑制度を考える

「仇討ち」という名の復讐

だれが言い出したかは知りませんが、日本には「三大仇討ち」という伝えがあり、歌舞伎・浄瑠璃《じょうるり》・講談・小説・戯曲・映画・ドラマなどの素材としてよく登場します。

時代順に言えば、第一は、一一九三年六月二八日(建久四年五月二八日)の曾我兄弟による「仇討ち」。武家同士の所領争いが原因で工藤祐経が河津祐泰を討ったのですが、討たれた側の遺児、曾我十郎祐成と五郎時致の兄弟が、一七年後、源頼朝が行った富士の裾野の大巻狩りのときに、「親のかたき」工藤祐経を討ったという事件。第二は、一六四三年一二月二六日(寛永一一年一一月七日)に、剣豪・荒木又右衛門が義弟の渡辺数馬を助けて数馬の「弟のかたき」である河合又五郎を、伊賀国・上野の「鍵屋の辻」で討ちとった事件。そして第三は、一七〇三年一月三〇日の、というより「元禄一四年一二月一四日」でよく知られている雪の夜に、元赤穂藩筆頭家老・大石内蔵助をリーダーとする赤穂浪士四七名が、「主君・浅野内匠頭のかたき」と目した元高家肝煎《きもいり》・吉良上野介を討った事件です。

見ての通り三事件は、親を討たれた子、弟を討たれた兄、主君を討たれた家臣という武士社会の上下・主従関係がベースになっていますので、必ずしも「愛する者を殺されたのでその恨みを晴らす」というピュアな話ではありません。親・兄弟・主君が討たれたこと自体に非があるとして、残された子・兄弟・家臣が、武士の面目で私的制裁を行ったのが仇討ちでした。民衆はこれを「義挙」として称賛し、だからこそさまざまな形の伝承を生んだのですが、「義挙」を行った者も、たとえば曾我兄弟の兄は惨殺され、弟は処刑されましたし、赤穂四十七士が全員切腹を命じられたのは周知の通りです。

復讐を美談にしてきた日本社会

初夢に見ると「縁起が良い」とされているものに「一富士、二鷹、三茄子《なすび》」という言い伝えがあります。なぜこの三つかには諸説あるようですが、一説には「三大仇討ち」をシンボル化しているというものもあります。一の「富士」は、曾我兄弟の仇討ちが行われた場所が「富士」の裾野だったこと、二の「鷹」は、赤穂浪士の主君・浅野家の家紋が「鷹」だったこと、そして三の「茄子」は、鍵屋の辻があった伊賀国が茄子を名産品にしていたから、と、いささかこじつけ気味でもある説ですが、ともあれ「仇討ち」は、それほど庶民にとっては「縁起のよい」物語でもありました。

「三大仇討ち」にせよ「縁起の良い初夢」にせよ、なぜその三つなのか定かでないまま、日本の庶民感覚はこれを受け入れ、これを言い伝え、これを後世に送ってきました。そうなったのには、そうなるだけの民衆心理上の理由があるのでしょうが、いずれにしても、こうした「国民的記憶伝承」を経て、たとえば「仇討ち」感覚が埋め込まれ、無批判に「愛する人、大切な人が殺されたら、その犯人を殺して復讐《ふくしゅう》するのは人として当然」という感覚がはぐくまれてきているのでしょう。

「目には目を、歯には歯を」の真意

犯罪を犯した者は、きちんと調べて法に照らし適正・厳正に、被害者個人に代わって国家が刑罰を加える――アバウトにいえばこれが近代刑事制度の原則です。被害者個人が、あるいは被害者の縁者が、加害者を捕まえて好きに「処罰」することを、近代法は禁止しました。「仇討ち」に庶民が拍手を送ったのは、最初の原因行為を、国家がきちんと調べ法に照らして適正・厳正に対処しなかったことへのうっぷんに共感したからでもあり、被害者の縁者が本来は公的にすべき処罰を代行したことへの素朴な賛意にほかなりません。死刑を正当だとする考え方には、理不尽に命を奪われたことへの制裁は、命を奪い返すことで適正とする、という一種の応報刑的考え方があるでしょう。

これを「目には目を、歯には歯を」だという人が少なくありません。紀元前のハムラビ法典に出てくる規定で、後に旧約・新約の聖書を経て広く欧州文明にも広がった考え方です。一見すると、目（あるいは歯）を奪った加害者には、目（あるいは歯）を奪い返すことで償わせるという、野蛮な報復の思想を正当化しているように見えますし、そういう意味でこのフレーズを使う人も少なくありません。ただ、法典の真意は、「目には目、歯には歯」以上の報復をしてはならないという「過剰報復の禁止」にあって、無限の報復へとエスカレートすることを防止する、近代刑法にも通じる合理的な面もあることも忘れてはなりません。この用語を根拠に「命を奪った者には命で償わせる」とすると、逆に「自分の命で償うのなら相手の命を奪っていい」ことになってしまい、ハムラビ法典の真意を外れることになってしまいます。

死刑制度の危険性

死刑制度の不合理さは、それが凶悪犯罪防止策になっていないという客観的データ、被害者周辺の怒りは殺害者を殺害して癒《い》えるものではないという冷厳な事実など多々ありますが、最大の理由は、冤罪《えんざい》による死刑が、回復不可能になるという単純な事実です。四大死刑冤罪事件（免田・財田川・松山・島田）などは奇跡的に死刑を免れましたし、最近では袴田死刑囚への再審が辛《かろ》うじて始まりました。しかしそれらは氷山の一角です。名張毒ぶどう酒事件で死刑囚とされ、無罪を主張して九度目の再審請求をしていた奥村勝さんが、死刑確定からでさえ四三年間も拘束されたまま、二〇一五年一〇月ついに病死しました。享年八九。見ようによっては、死刑よりも残虐な死です。

死刑制度は、冷静な検討を経て国際的には減少しつつあり、またそういう傾向を国際世論が支え始めてもいます。国連総会では二〇〇七年以来、ほぼ二年ごとに「死刑の廃止を視野に入れた死刑執行の停止」を求める決議を賛成多数で採択しており、二〇一四年一二月の国連総会では、過去最高である一一七か国の賛成を得ました。しかし日本政府は過去五回の決議に一貫して反対しています。その背景には、二〇一五年一月の内閣府調査結果も示すように、死刑制度を容認する八〇％以上の「世論」があるようです。

昔ながらの仇討ち話に素朴に感動する心情のままで死刑制度の「世論」が形成されているとすれば、ここでも日本ではある種のガラパゴス化が進んでいるのかもしれません。

10 裁判官の「独立」ってあやしいですね

――「司法権の独立」と「裁判官の独立」

二〇一五年夏、菅義偉内閣官房長官が、沖縄県辺野古の米軍基地建設を、オール沖縄の反対があっても「粛々と進める」と繰り返し発言したことを、翁長沖縄県知事から「上から目線で『問答無用』と言っている」と批判され、「今後はやめる」と言いながら、数日後にはまた「粛々と」と発言して、話題になりました。どうも上から目線が身体にしみついているようです。本来は「慎み深く、静かに、厳かに」といったそれこそ厳粛な言葉なのですが、政府や与党の政治家が使うと「反対意見を押し切ってことを進める」ことを糊塗《こと》する言い回しに聞こえてしかたがありません。

ただこの言葉の本来の意味からすれば、裁判官こそが「粛々と」行動するにふさわしいでしょう。憲法では、その時々の政治的関係から「独立」し、裁判官としての「良心」に従い、憲法を頂点とする法にだけ拘束されて、「粛々と」裁判するのが司法の役割だ、とされているからです。

大津事件の光と影、そして長沼事件

国会や内閣といった政治部門から司法権は独立していなければならない、という近代憲法の原則は、明治憲法制定時には、そういう規定がなかったこともあって、当初は不明確でした。しかし明治憲法制定直後に起こった「大津事件」で事態は変わります。一八九一年、訪日中のロシア皇太子（後にロシア革命で銃殺されるニコライ二世）が、琵琶湖を観光したあと大津を移動中に、警備中の巡査がいきなりサーベルで切りかかり、負傷させるという事件が起こりました。当時、日露両国は、後に日露戦争が起こるように緊張関係にあり、この事件が両国の関係悪化につながることを懸念した政府（松方内閣）や元老は、当時の刑法一一六条が定めていた、皇族に対し「危害ヲ加エタル者ハ死刑ニ処ス」という規定を使って極刑にすべきと、当時の大審院長（日本国憲法でいえば最高裁長官）児島惟謙《これたか》に申し入れます。しかし児島は、普通人に対する謀殺未遂罪の適用で無期懲役を主張し、政府による裁判干渉を退けて、ここに「司法権の独立」を樹立した、とされています。ただ、児島は、この事件のために大津地方裁判所で開廷された大審院特別法廷の担当判事を説得して、この判決を導きました。

このように児島は、一方では、内閣等の政治的干渉に対し、法に基づいて「粛々と」対応し、日本における「司法権の独立」の道を開いたと高く評価されているのですが、しかし他方では、児島が示したように裁判するよう、担当裁判官に上級者として働きかけたことが、「裁判官の独立」を侵害していた、と批判を受けてもいます。この点は、事実関係も含めて今も論争的ですが、ここでは、「司法は独立していなければならない」という場合に、他の政治権力からの「司法権の独立」という面と、個々の「裁判官の独立」という面との、二面があることが重要です。実は、日本国憲法でも「司法権の独立」という規定自体はなく、それは近代憲法原理から導かれるものと考えられていますが、「裁判官の独立」は、明文で規定しました（七六条三項）。

にもかかわらずこの憲法のもとで、「裁判官の独立」を脅かす事件がしばしば起こっています。典型的には一九六九年、自衛隊の合憲性をめぐって札幌地裁で係争中であった長沼事件を担当していた福島重雄裁判長に対し、平賀健太札幌地裁所長が、自衛隊に対する違憲判断を避けるよう示唆する書簡を送った事件がそうです。上級者である所長が、担当裁判長に裁判内容につき書簡を送るのは裁判官の独立を侵害する行為にほかなりません。福島裁判長は、この事件を契機に自民党などからすさまじい攻撃を受けましたが、しかしそれを毅然《きぜん》とはねのけて一九七三年、憲法に基づいて自衛隊を違憲とする判決を下しました。憲法から見れば当然の判決を下した福島裁判長ですが、いわゆる出世コースからは外されます。こうした経緯を見ていた裁判官の中には、自衛隊違憲判決などとても書けないと脅えた者もいたに違いありません。こうした暗黙の圧力もまた「裁判官の独立」を歪めるものです。自衛隊や在日米軍に明確に違憲の判決がなかなか出ない背景には、そういう隠然とした力が働いているでしょう。

米国の顔色をうかがった最高裁判決!

在日米軍裁判であった「砂川事件」のことはIの5で述べました。この裁判で在日米軍・安保条約を違憲とはしなかった最高裁判所は、いうまでもなく最上級者で、大審院のように「粛々と」判決できたはずなのに、ことが日米安保条約であったためか、米国大使館、したがって米国政府の事実上の指示にしたがってあの最高裁判決を作成していたことが、最近明らかになっています。

まず、「跳躍上告」という「荒業」を進言したのが、駐日米大使マッカーサー二世(連合国軍最高司令官だったD・マッカーサーの甥）であったことが、公開された米公文書で、二〇〇八年に明らかになりました。米大使が、地裁違憲判決のあった翌日、一九五九年三月三一日の早朝八時に、日本の藤山愛一郎外相に面会して、「最高裁に直接上告して早く決着をつけるよう」迫ったところ、外相はこのプランに「全面的に同意」し、「九時からの閣議にその方法を承認するように促したい」と答えたという内容の極秘電文が、午後二時には本国に打電されていました。同公文書では加えて、四月二四日には米大使が田中耕太郎最高裁長官と内密に会い、田中長官は「判決までに少なくとも数カ月かかる」等々の情報を与えていることも明らかになっています。さらに、二〇一三年四月に一斉に報道されたように、米大使のこの暗躍から四か月後の七月には、大使の次に責任のある主席公使レンハートに面会した田中長官が、「砂川事件の判決は一二月に出る」とか「争点を事実問題ではなく法的問題に限定する」とか「口頭弁論はおよそ三週間で終えることができる」とか「判決は実質的な全員一致とし、世論をかき乱し（unsettle）かねない少数意見を避ける仕方で進められる」等々という「プラン」を示していた事実を、大使が書簡で本国に伝えていることも明らかになりました（参照、布川玲子・新原昭治『砂川事件と田中最高裁長官』）。最高裁長官の完全な秘密漏示です。児島とちがって田中は、司法権の独立さえも侵したのです。

東京地裁が、在日米軍と安保条約につき、憲法に従って「粛々と」違憲判決を「独立」して下したのに対し、政府はもとより最高裁でさえ米国の顔色をうかがい、真摯《しんし》な一審判決や国民的な在日米軍批判をも無視して「粛々と」判決を下しました。「粛々」とは、誰に対し、何のためかが問われます。

11 国民主権をきたえる住民自治

――「地方自治の本旨」を読み解く

オーデコロンはイミテーション？

今はドイツの重要都市であるケルンは、もともとはローマ帝国が北進してつくった町で、植民地を意味するラテン語 Colonia がケルン Köln の語源です。ライン河畔にあるこの町は、昔から交易の要所として、さまざまな国の支配下にありましたが、町自体は主にドイツ人が代々営んできました。一八世紀末、ナポレオンが勢力を伸ばし、フランス軍がこの町を占領したとき、占領軍はこの町の各戸に番号を付けて管理し、いい匂いの化粧水を作っていた工場には四七一一という家番号をつけました。

ところがナポレオン軍は、この化粧水工場と職人をフランスに連れ帰り、フランス製の化粧水として売り出したとのこと。これがオーデコロンの始まりです。オーデコロン（Eau de Cologne）というフランス語は、「ケルン（Cologne）の水（eau）」という意味にすぎません。ドイツ語ではケルニッシュヴァッサー（Kölnischwasser）とごつく言いますが、これもケルンの水（Wasser）のことです。

この響きの相違もあってか、オーデコロンはフランスの代表的化粧水と思われていますが、ドイツ人は今でもこのハウスナンバー四七一一番の工場が元祖だと自負していて、「ケルンの水四七一一」という化粧水を販売し続けています。「これが本家ケルンの水で、フランスのオーデコロンは模造品（Imitation）だ」と言うケルン住民は、今でも少なくありません。ここには、ケルン住民のケルンに対する強い愛着心、愛郷心そして誇りが感じられます。

欧米人と日本人の帰属意識

欧米人に「あなたのご出身は?」と聞くと、たいてい生まれ育った町の名で答えます。そこがどんなに無名の町でも、胸を張ってそうします。逆に日本人が欧米で「ご出身は(where are you from)?」と聞かれると、答えはたいてい「from Japan」でしょう。欧米人の直観的帰属意識は自分の町から始まるのに対し、日本人のそれは、まずは日本という「国」にあるようです。

ケルンがそうであるように、欧州の町は、その町を治めた国よりもはるかに長い歴史を刻んできました。英国の植民地から始まった米国にも同じ感覚があります。これに対し日本は、その町の歴史よりも、日本という「国」の歴史のほうが重要だという意識を、明治維新後強く植え付けられてきました。戦国時代には、「天下統一」がなれば「日の本」という「日本」ができると語られることはあっても、群雄割拠でできた各「くに」が基本でしたし、徳川幕藩体制でも各「藩」の壁は高く、人々は各藩への帰属意識を第一にしていました。今でも「あなたのお国はどちら」と故郷のことを問いかけることはよくあります。日本・日本人という意識が形成されたのは明治維新後にすぎません。

愛郷心と愛国心

さて、生まれ育った故郷に対する想いはどんな人にもあります。私は三重県・津市に生まれ育ち一八歳まで暮らしていました。以後五〇年以上も離れてはいますが、今でもこの町に行くと、懐かしさにじわっとした感慨を覚えます。県庁所在地ですが、無関係な人から見たらただのさびれた田舎町にすぎません。しかし私はこの町に言い知れぬ愛郷心・愛着心を抱いています。

こうした故郷への愛着のことを、欧米語ではpatriotism（ドイツ語はPatriotismus、フランス語はpatriotisme）といいますが、辞書でも明らかなように、この用語は第一義的には「愛国心」と訳されてしまいます。しかし、patriotismの語幹patrは「父」の意味（これに対し母はmatr）であって、転じて同郷・同胞も意味しますから、日本で、特に安倍政権がやたら叫んで、教育にまで強要している「愛国心」とは、かなり意味合いの異なる言葉なのです。簡単に言えばそれは家族・同胞・近隣への愛着を根幹として生まれ、その同心円的延長の先に、自分が生まれ育った故郷への愛着、さらには日本に生まれ育ったことへの愛着があるのです。

こうしたpatriotismを「愛国心」とだけいい表すのは、とても大事なものを見落としていますし、ましてや「国益」などという得体のしれない「国」の利「益」を振りかざして個々の「国」民に犠牲を求める「愛国心」を強要するのは、筋違いも甚だしいというべきでしょう。

地方自治の根幹は「民主主義の学校」

欧米では、自分たちの町を自分たちで営むpatriotあふれる長い歴史を経験してきました。自分たちの町のことを自分たちで構想し、費用を用立て、誰にやってもらうかを決める——という営みは、その町がどの国に治められているかという次元とは別に、町を営む理念として歴史を貫いてきたのです。

これが「地方自治」の原点であり、国民主権に基づく近代国家に組み込まれてからは、民主主義を支える重要な制度として営まれてきました。「地方自治は民主主義の学校」という格言は、身近な問題をpatriotに近隣の人々と議論しながら解決していく作法を地方自治で学ぶことが、大きな国の営みの主人公＝主権者となる「学校」だ、という意味です。

明治憲法下でも府県や市町村はありました。しかしそれは国が地方を治めるための制度であって「自治」体ではありません。明治憲法には「地方自治」の規定は皆無でした。現憲法は逆に、憲法の大原則として第八章に「地方自治」を定め、冒頭の九二条で「地方自治」を、その「本旨に基いて」営むように求めました。この規定は「本旨」の内容が示されていないのでとまどいますが、この憲法の制定を主導した米国とその背後にあった欧米の考え方からすれば、「民主主義の学校」のことです。

「効率化」を求めて地方自治体は合併に合併を重ねて、ずっと三二〇〇ほどだった市町村という基礎的自治体は、「平成の大合併」で一気に一七〇〇ほどにまで激減しました。これに対し、日本と似た規模の欧州諸国は、昔も今も日本とはケタ違いの数の基礎的自治体数をずっと維持しています（英・一万、独・一万六〇〇〇、仏・三万六〇〇〇、イタリア・八〇〇〇など）。合併して「大きく」なることなど、この「学校」にとって百害あって一利なし、と考えているからです。国民主権＝住民主権の足腰の違い、というべきでしょうか。

12 国民は選挙で改憲を期待したのでしょうか?

——自民党改憲案と国民生活

「憲法より飯だ」

五月一日はメーデーですが、一一年ぶりに再開された一九四六年、戦後初のメーデーに、「憲法より飯だ」というプラカードが登場したことはよく知られています。日本国憲法の制定は、この年二月を転換点に、総司令部が全面的にコミットして原案が作成され、その政府原案が三月六日に公表されるころから、国民にも政治的に重要なイッシューとして知られていましたが、他方で国民生活は、餓死者も珍しくないほどの深刻な食料難にあえいでいました。そんな中で迎えたメーデーのプラカードですから、当時の政治の焦点と国民生活の関心事とのギャップを示す典型例として、しばしば紹介されています。

ただ、だからといって「国民不在の日本国憲法制定」と揶揄《やゆ》するのは皮相な見方でしょう。一九四五年までの塗炭《とたん》の苦しみが、「天皇陛下のために」命も財産も差し出す戦時体制とそれを支えた神権天皇制からきていたことは、多くの国民が身体でわかりはじめていたころでしたから、天皇をただの「象徴」に転換し、二度と戦争や武力行使はしないとうたった新憲法の核心部分を知るや、「これでようやく自由になれる、平和になれる」と、安堵したのも間違いありません。そういう思いを綴った手記や言説は多数残されています。憲法草案に落ち着いて目を通し検討するには、日々の食料確保に追われる毎日で、だから「憲法より飯だ」でした。

ふたたび「憲法より飯」?

さて現在です。自民党が政権に復帰した二〇一二年総選挙で自民党が公約を公表したとき、安倍総裁は、民主党マニフェストを批判しつつ、「自民党の政権公約を貫くものは、実現できることしか書かないということだ」と啖呵《たんか》を切っていました。その公約「日本を、取り戻す」は、最後の最後に「憲法改正」を掲げ、野党時代の二〇一二年四月に公表した「日本国憲法改正草案」の骨子を列挙していました。ですから、これを「公約」にした総選挙で自民党は「圧勝」したから、その「実現」に邁進《まいしん》することが国民との約束だという「物語」になっています。

「圧勝」といっても「一強多弱」で小選挙区選挙を行えば「一強圧勝」になるのは当たり前で、いわば人為的につくられた虚構の「圧勝」でしたし、おまけに選挙権の平等に反する違憲の小選挙区選挙だったのですが、そこはスキップしています。

しかし、この総選挙で国民は、自民党に憲法を変えてほしくて「圧勝」させたのでしょうか。ほんの一例ですが、総選挙直後の朝日新聞緊急世論調査(一二月二六・二七日実施)によれば、「安倍首相に一番力を入れてほしい政策」という設問に対し、「景気・雇用」四八%、「社会保障」一〇%、「外交・安全保障」一一%、「原発・エネルギー」一〇%、「教育」六%ときて「憲法改正」は六位、たったの三%でした。いってみれば「憲法より飯」だったのです。つまり国民の多くは、居丈高に叫ぶ改憲やら教育「改革」にはあまり関心がなく、この間、新自由主義的「改革」の進行で、悪化の一途をたどっている格差、雇用、社会保障などをなんとかしてほしいと、切ないほどに願っていました。改憲だ、国防軍だ、日米同盟だ、国益だとダンビラを振りかざし「強い日本」を「取り戻す」という絶叫に、ほとんどの国民はむしろ辟易《へきえき》していたのではないでしょうか。

改憲草案における「飯より国益」

そういう視線で自民党改憲案の特に第三章「国民の権利及び義務」を読んでみると、権利・自由が「公益・公の秩序」の前にひれ伏す、とても息苦しくて生き苦しい社会が待っているのでは、と思えてなりません。

たとえば、拷問の「絶対」禁止を定める現行の三六条から、さりげなく「絶対」が削除されていますが、この二文字の削除案に、「同盟」国のブッシュ政権が、二〇〇一年の9・11以後、怪しいとみたアラブ人を、狂ったように拘束して拷問しまくったあの残酷な光景を想定するのは、取り越し苦労でしょうか。家族生活を定める二四条は、冒頭に「家族は、社会の自然かつ基礎的な単位として、尊重される。家族は、互いに助け合わなければならない」と家族主義的規定を置きつつ「家族共助」を明確に義務づける新項をはめこみ、ついで「両性の合意のみ」で成立する現行憲法の婚姻の要件規定から、これまたさりげなく「のみ」を削除しています。『Q&A』によれば、「家族や社会が助け合って国家を形成する自助、共助の精神をうたい……その中で、基本的人権を尊重する」のだそうで、家制度への回帰が濃厚でしょう。二四条ではなぜか「個人の尊厳」規定は残していますが、一三条の「個人として尊重」規定は、得体の知れない「人として尊重」に転換されています。この意味合いもはっきりしませんが、『Q&A』では「個人が人権を主張する場合に、人に迷惑を掛けてはいけないのは、当然のこと」と言っていますので、近代憲法の硬質な「個人」ではなく、べったりとした「人の道」の「人」を説いているようです。

そういえば『Q&A』では、現行憲法が「西欧の天賦《てんぷ》人権説に基づいて」いると批判し、「我が国の歴史、文化、伝統を踏まえたもの」に転換すると言っていました。この発想をベースにしつつ、人権の総則的規定である一二条・一三条を大幅に改変して、あらゆる権利・自由に「公益及び公の秩序」による制限・禁止を予定するのですから、要するに近代憲法であることをやめる、というに等しいようです。

「憲法より飯」の今

国民が政治に期待する生活確保の切ない思いは、アベノミクスなる人為的・部分的な「好景気」ではなく、生活に落ち着いた安定を「取り戻す」こと、そうすることで将来の生活に確たる見通しを得ることにあるでしょう。そうした「飯」の問題を脇に置いて改憲に前のめりになる政治は、やはり「アベノリスク」というほかありません。案の定、経済政策として打ち出された「三本の矢」はことごとく外れ、戦争法体制で膨大な軍事費を用意するために、「暮らし」の充実の見通しはまったく「暗し」です。

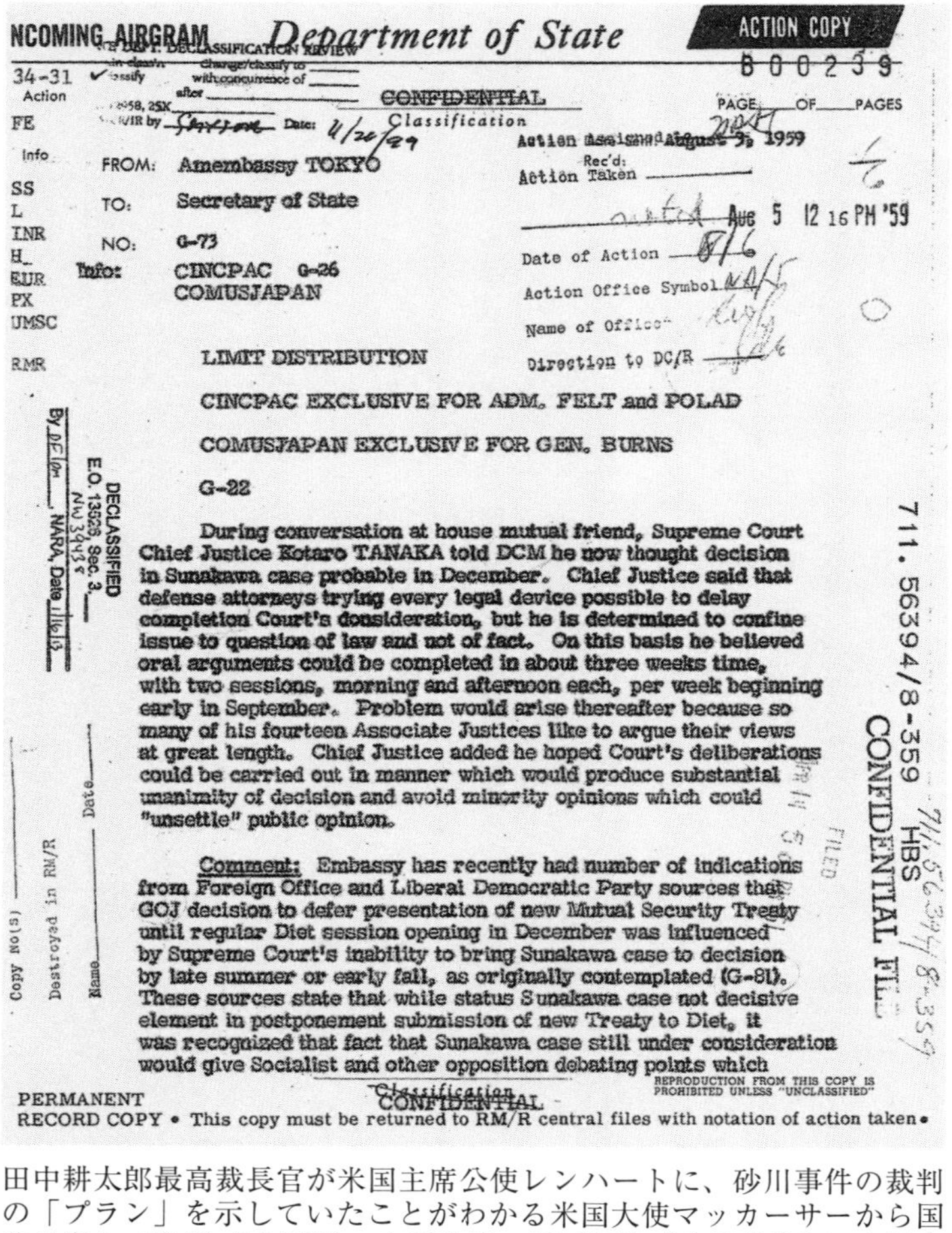
NCOMING AIRGRAM Department of State ACTION COPY

B 0 0 2 3 9

34-31 Action

FE

CONFIDENTIAL

Classification

PAGE ___ OF ___ PAGES

Info

SS

L

INR

H

EUR

PX

UMSC

RMR

FROM: Amembassy TOKYO

TO: Secretary of State

NO: G-73

Info: CINCPAC G-26

COMUSJAPAN

Action Assigned August 3, 1959

Rec'd:

Action Taken

Aug 5 12 16 PM '59

Date of Action 8/6

Action Office Symbol

Name of Officer

Direction to DC/R

LIMIT DISTRIBUTION

CINCPAC EXCLUSIVE FOR ADM. FELT and POLAD

COMUSJAPAN EXCLUSIVE FOR GEN. BURNS

G-22

During conversation at house mutual friend, Supreme Court Chief Justice Kotaro TANAKA told DCM he now thought decision in Sunakawa case probable in December. Chief Justice said that defense attorneys trying every legal device possible to delay completion Court's consideration, but he is determined to confine issue to question of law and not of fact. On this basis he believed oral arguments could be completed in about three weeks time, with two sessions, morning and afternoon each, per week beginning early in September. Problem would arise thereafter because so many of his fourteen Associate Justices like to argue their views at great length. Chief Justice added he hoped Court's deliberations could be carried out in manner which would produce substantial unanimity of decision and avoid minority opinions which could "unsettle" public opinion.

Comment: Embassy has recently had number of indications from Foreign Office and Liberal Democratic Party sources that GOJ decision to defer presentation of new Mutual Security Treaty until regular Diet session opening in December was influenced by Supreme Court's inability to bring Sunakawa case to decision by late summer or early fall, as originally contemplated (G-81). These sources state that while status Sunakawa case not decisive element in postponement submission of new Treaty to Diet, it was recognized that fact that Sunakawa case still under consideration would give Socialist and other opposition debating points which

711.56394/8-359

CONFIDENTIAL FILE

HBS

DECLASSIFIED E.O. 13526, Sec. 3.

Copy No(s) ___ Destroyed in RM/R Name ___ Date ___

Classification CONFIDENTIAL

REPRODUCTION FROM THIS COPY IS PROHIBITED UNLESS "UNCLASSIFIED"

PERMANENT RECORD COPY • This copy must be returned to RM/R central files with notation of action taken •

田中耕太郎最高裁長官が米国主席公使レンハートに、砂川事件の裁判の「プラン」を示していたことがわかる米国大使マッカーサーから国務長官あて書簡（10参照）。布川玲子・新原昭治『砂川事件と田中最高裁長官』より引用

Ⅳ　憲法って何？　日本国憲法って何？

2015年３月９日、日独首脳会談後、首相官邸で共同で会見するドイツのメルケル首相（左）と安倍首相（時事）。この会談をめぐり、両国の過去の歴史への向き合い方が話題になった。４、５参照

1 どうして憲法記念日は五月三日なの？
――日本のあり方を決めた日

風薫る五月のゴールデンウィーク、そのど真ん中にある五月三日・憲法記念日は、それだけで輝かしい日にうつります。でも、どうして五月三日なのでしょう。それは、一九四六年一一月三日に「公布」されたこの憲法を、公布の六か月後に施行する、と決めた結果に過ぎません（一〇〇条）。では一一月三日とはどういう日でしょうか。この日は、今でこそ「文化の日」ですが、明治天皇の誕生日であり、天皇主権の国として戦時に向かい始めた一九二七年から敗戦の一九四五年八月までは、長く「明治節」と定められ、天皇制を賛美し戦意高揚を図ってきた国家的大祝日でした。

戦前のこういう大祝日には、神武天皇の即位日という神話を元に、一八七三年につくった二月一一日の「紀元節」もありましたが、明治憲法は一八八九年のこの日を選んで制定されました。当時の民衆は、突然「憲法の発布だ」と知らされ、内容も定かでないまま、テレビもラジオもない時代ですから口伝えにこの大ニュースを聞き、伝言を重ねて「絹布《けんぷ》の法被《はっぴ》」が貰えると大騒ぎになったといいます。

日本国憲法の制定は占領下でしたが、公開の議会でしっかり議論しました。時の首相・吉田茂は、明治憲法と同じように二月一一日を憲法記念日にしたかったのですが、審議に時間がかかり、セカンドベストとして明治節を公布の日に選んだ、というのですから、かなりの執念です。

文化勲章は「勲章」の一つ

紀元節は、天皇制を支える強烈な日ですので、戦後民主化の中でただちに廃止されました。しかし明治節の方は「文化の日」として生き残ります。そうなったのは、一一月三日に「文化勲章」が授与されていたという事情もありました。明治節に文化勲章を出すようになったのは一九三七年からですが、この年の七月七日に日本は、当時の用語で「支那事変」、つまり中国への全面侵略戦争を開始しましたから、戦時色に染まる世相を和らげる意図もあったでしょう。

二〇一二年には映画の山田洋次監督が文化勲章を受章しました。あるテレビ局報道のテロップは「受賞」と書いていましたが、文化勲章は勲「章」であって「賞」ではありません。大勲位から勲八等に至る一二ランクの中の第四ランク「勲一等」のひとつで、天皇自らが授与するものです。授与証書は、他の勲章と同様、受章者の名が、〇〇様とか〇〇殿ではなく、〇〇と呼びすてで書かれており、これは天皇主権時代と変わりません。「天皇御璽《ぎょじ》」という天皇の公印も戦前のままです。

一九九四年、その年のノーベル文学賞を受けた大江健三郎さんに、政府が文化勲章の授与を決めたら、大江さんは「天皇制という縦糸の罠《わな》にはまりたくない」と言ってこれを拒否しました。「勲章」のランキングが「天皇への忠誠度」を示すものであるようなこの制度を、痛烈に批判したわけです。翌九五年には新劇俳優の杉村春子さんも、やんわりと辞退しました。一九二七年に築地小劇場で初舞台を踏み、戦前はこの劇団員として天皇制権力に対決した経歴があるだけに、「戦争中に亡くなった俳優を差し置いてもらうことはできない」という辞退の理由には重いものがありました。こうした緊張感もはらむ制度だけに、山田監督にもとまどいがあったようで、「寅さんなら『それ、何だい？出来そこないが主人公の映画を作って、そんなもの、もらっていいのかい？』と冷やかすでしょうね」と苦悩をのぞかせていました。

祝日あれこれ

そういう視線で祝日を診ていくと、他のいくつかの祝日にも、背後に天皇制が控えていることに気づきます。春分・秋分の日は春と秋の「降霊祭」、勤労感謝の日は「新嘗祭《にいなめさい》」という皇室の神道行事の日です。祝日のことを「祭日」と言う人が多いのも、皇室祭日が祝日になっているからでしょう。「新嘗祭」が天皇代替わりの時になると巨大な「大嘗祭《だいじょうさい》」になることは一九九〇年一一月に見聞しましたが、次回も同じようなことになるのでしょうか。特定宗教の行事であることが歴然のこの大嘗祭に、公費を支出し、三権の長などが参列したことは、憲法違反とする批判が、学界や弁護士会から提示されていたことを思い起こしておきます。

敗戦で廃止された紀元節は、一九六七年、激しい批判を受けつつ「建国記念の日」として復活しました。作家の永六輔さんはある講演で「事実に基づかない祝日には『の』が入ることが多い」と言っていましたが、すっきりと「建国記念日」にはできなかった事実無根さを告白したネーミングです。言われてみると、春分・秋分・勤労感謝・文化といった「の」入り祝日は、背後に天皇制度があることを隠している、とも言えるでしょう。「天皇誕生日」は事実ですが、前天皇の誕生日が当初「みどりの日」と「の」入りになっていたのも、なにやらあやしげです。その「みどりの日」は二〇〇六年から「昭和の日」と改名しましたが、やはり「の」が入ったのは、制定に自信がなかったのでしょうか。

「五月三日」の歴史的重み

数少ない「の」入りでない祝日の「憲法記念日」には、一一月三日公布という影はありますが、この日が憲法施行日であるのは事実ですから、すっきりしています。

世界を見ると、ほとんどの国は、その国が今ある出発点となった日を、いわば「建国記念日」としてきました。フランスの七月一四日は、一七八九年に市民革命が始まった日、後に人権宣言など近代憲法の世界を生み出す原点になった日ですし、米国はじめ多くの国は独立記念日・解放記念日をこの日にあてています。ドイツは一九九〇年以後、東西統一をした一〇月三日をこの種の記念日にしました。オーストリアは一九五五年に永世中立宣言をした一〇月二六日がこの種の記念日です。いずれも、その国の基本的あり方を決めた日、ということでしょう。

となると、いまの日本のあり方を決めた日としては、五月三日がベストです。この憲法で、主権を転換する、つまり国の主人公は天皇やその政府ではなく国民だと切り替え、その国民主権の力で、二度と「政府の行為によつて再び戦争の惨禍が起ることのないやう」に決意して、戦争放棄・戦力不保持・交戦権否認を高らかにうたったのですから。

2 憲法もあれこれの法の一つ？
――「憲法」のそもそもを考える

日本語になりにくい英語？

二〇一四年一二月、米国のケネディ空港で、大韓航空のエアバスが韓国に向けて飛行するため、滑走路に向かい始めていたときのこと。ファーストクラスの乗客として乗っていた大韓航空の副社長が、客室乗務員の出したピーナッツの出し方がマニュアル通りでないと激怒し、あげく機を搭乗ゲートに戻させて機内サービスの責任者を機から降ろして運行を遅延させる、という珍事件が起こりました。

「ナッツ」をきっかけにして暴言を吐き「引き返し」(リターン)をさせたため、「ナッツ・リターン」という表現で一気に広まりましたが、誰が言い始めた「英語」なのか、はっきりしません。そのままなら「ナッツ返却」程度の意味ですが、米国のネットで言われ始めたとも言われています。nutには、ナッツのような「堅果」が転じて「難題・難問」という意味もあれば、ややスラングでは「奇人・変人・狂人」の意味もありますから、「変な人が無理難題をふっかけて機を引き返させた」事件という英語のニュアンスもないわけではなさそうですが、日本のネットで広がった和製英語のようでもあり、はっきりしません。英語圏では nuts incident と言っていますし、日本のメディアも「ナッツ事件」という表現が基本です。いずれにしても「ナッツ・リターン」あるいは「ナッツ」の事件といわれても、背景・事実関係を知らないでいきなり聞かされると、何のことかまったくわからないでしょう。しかし言い得て妙ですので、広がり、定着しました。

マイノリティは単に少数者か？

その国でならニュアンスがよくわかる言葉が、日本語にはなりにくい、ということは珍しくありません。憲法に引き付けて一例をあげれば、人権の一つにある「マイノリティの権利」というのを、辞書通りに「少数者の権利」と訳してしまうと、正確な意味合いが伝わらないことがあります。マイノリティ（minority）のポピュラーな意味は確かに「少数者」ですが、基になっている「マイナー（minor）」には、メジャーでない、つまり「重要でない」とか「二流の」といった意味もあって、それが「権利」問題となると、政治的・社会的にマイナーとされた人々がマイナーであることを押し返すための権利のこと、という場合があります。典型的には「女性の権利」が「マイノリティの権利」とされることがあるのがその例でしょう。

よく知られているように、日本では、女性の方が男性より平均寿命が長く、いま、女性は世界第一位の八七歳、男性は世界第八位の八〇歳です（二〇一五年五月・世界保健統計）。当然、女性の方が「多数者」です。日本での男女比で、女性の方が男性よりも多くなったのは一九三六年のことでした。戦場での戦病死が増加したため、男性寿命の平均を押し下げたからにほかなりません。しかし戦後になってもこの男女比は、一貫して比率が開いてきています。日本社会という「戦場」が男性中心の競争社会になっているためでしょうか。つまり、日本では男性の方が人口数では「少数者」なのです。

ところが人権が問題になる場面では一貫して「女性の権利」が「マイノリティの権利」として問題視されてきました。社会的に劣位に立たされ、後塵《こうじん》を拝する地位を強要されている女性だから、数の上では「多数」でも「マイノリティ」としての権利、男性という「マジョリティ」と対等になる権利がある、というわけです。こなれていないし広まってもいませんが、マジョリティを「優位者」、マイノリティを「劣位者」と訳すべき時があるのではないでしょうか。

「憲法」という誤訳?

近代国家であれば、英語圏では the Constitution、フランス語圏では la Constitution、ドイツ語圏では die Verfassung という、その国の基本構造を示す定めがなければならない、ということが、長い鎖国の後に開国して、欧米にならって近代に進もうとした明治維新の政府担当者や知識人にも伝わってきました。箕作麟祥《みつくりりんしょう》という明治維新の法整備を担った法学者が、これに「憲法」という訳語を与えた、といわれています。フランスの事情に通じていた箕作は、一七九一年以来何度となく制定されたフランス憲法典を念頭に置いて理解したのでしょう。造語をあてるより、聖徳太子の「十七条憲法」で知られるこの用語を訳語に選んだものと思われます。六〇四年の十七条憲法は、貴族や官僚に対する倫理的規範でしたから、国家と国民を規律する、ましてや国民のために国家をしばることを建前とする近代憲法とはまるで異なりますが、「憲法」のもともとの意味は「基本の定め」ですので、当たらずとも遠からず、でした。

ただ、例えば英国の the Constitution は、法文を列挙した憲「法」のことではなく、国会で決定した法、裁判所が判決で蓄積してきた判例、英国史が培ってきた慣習、英国が取り結んできた国際条約などなどの根底にあるとされた、英国という国の「基本の定め」の総体のことを指します。英国にはいまだに「憲法」という名の法典化された「法」はありません。ですから、英国国家の「基本の定め」を the Constitution と呼びつつ、それが法として書かれている場合は constitutional law と呼んで区別してもいます。では「憲法」という名の法典を持たない英国は、他にあまり例のないヘンな国かといえば、この国こそ近代憲法史の最古参で、フランスが近代憲法典を生み出す一七八九年の市民革命より一〇〇年も前に近代を切り開いた、近代 constitution 史のいわばトップランナーなのです。

日本の法をまとめた法令集を「六法」と呼ぶのは、日本法の総体を、基本となる憲・民・刑・商・民訴・刑訴の六つの「法」で言い表すからですが、憲法はその筆頭にあるとはいえ他の法と並ぶワン・オブ・ゼムというのではありません。「憲法」には、日本という国の「かたち」が込められており、だからこそ「最高法規」として、民法、刑法などの法を仕切っているのです。これを変更する改憲、変えさせないという護憲、という対立があるのは、この国のかたちをめぐる争いが根底にあるからといっていいでしょう。護憲・改憲という用語はあっても、護民・改民、護刑・改刑などといった用語がないのは、そのためです。

それにしても日本で憲法を変えようという主張が、いつも「オールド・リターン」であるのは悲しいことでしょうね。

3 司馬さんの真意は何だったんでしょう?
――固有名詞としての「戦後」

「坂の上」には雲はなく「雨の坂」が待っていた

司馬遼太郎の歴史小説『坂の上の雲』は、明治維新から「坂の上」をめがけて日清・日露戦争を勝ち抜き「大日本帝国」として列強の一員にのしあがってきた「明るい明治」を描くことで、作者自身も兵として過酷な体験をしたアジア太平洋戦争の「暗い昭和」とを対比させ、明治日本の健全さを浮き彫りにした作品――という見方があります。NHKテレビが二〇〇九年から三年がかりで放映したドラマもこの見方が色濃く出ていました。しかし、この歴史小説をよく読むと、日露戦争の終結を描いた最終章のタイトルは「雨の坂」であり、「坂の上」にのし上がって見たのは、輝く「雲」ではなく、どんよりとした雨雲であり、その雨雲のもとで長く暗い下り坂が待っていた、と描かれていることに気づくでしょう。

司馬はこの小説を単行本にした時のあとがきで、「ロシアはみずから敗けたところが多くて日本はすぐれた計画性と敵軍のそのような事情のためにきわどく勝利をひろいつづけたというのが、日露戦争であろう」としたうえで、「戦後の日本は、この怜悧《れいり》な相対関係を国民に教えようとせず、国民もそれを知ろうとはしなかった。むしろ勝利を絶対化し、日本軍の神秘的強さを信仰するようになり、その部分において民族的に痴呆《ちほう》化した」と書いていました(一九六九年)。司馬(本名・福田定一)さんは、学徒出陣で徴兵され、戦車隊小隊長として従軍しましたが、その実体験を通し「こんな馬鹿な戦争をする国」を目《ま》の当たりにして敗戦を迎えます。この戦争体験が司馬文学の原点でした。NHKドラマは、この「あとがき」をナレーションで紹介していましたが、肝心の「戦後の日本は……」以下の部分をカットしています。作者の真意が捻《ね》じ曲げられた、といっていいドラマ化でした。

「戦後」憲法

二〇一五年は、第二次大戦終結から七〇年ですが、前年の二〇一四年は、第一次世界大戦勃発から一〇〇年でした。二〇一四～一五年という日々は、日本の戦争史に着目すれば、日清戦争（一八九四年～九五年）から一二〇年、日露戦争（一九〇四年～〇五年）から一一〇年でもあります。さらにさかのぼると、一四〇年前の一八七四年に日本が行った「台湾出兵」は、「大日本帝国」が富国強兵を重ねつつ武力で国際紛争を「解決」しようとした初の「海外派兵」でした。明治維新後の日本は、「坂の上の雲」を目指して、維新後七年で対外進出・侵略を開始し、一九四五年に敗戦するまで延々と「雨の坂」に明け暮れる日々を送ります。

日本国憲法は、侵略戦争を重ね「大東亜共栄圏」を目指したアジア太平洋戦争だけで、外国人二〇〇〇万人以上を殺戮《さつりく》し、日本人三一〇万人以上が殺された日々を反省して、二度と戦争をしない、そのために一切の軍事力を捨てるし交戦権も認めないと誓いました。以後、今日までこの決意をした憲法を、「戦後」憲法と言い続けてきています。ですから「戦後」憲法とは、単にあの「戦」争の

「後」に得た憲法という意味だけではありません。戦争を重ねてきた「戦前」から根本的に転換するのだという強い決意があります。

さまざまな「戦後」

「戦後（after the war）」という用語は、それ自体では「戦争の後」といういわば「普通名詞」にすぎません。全ての戦争には、終われば「戦後」があり、第二次大戦後に日本が関わった戦争に限っても、朝鮮戦後、ベトナム戦後があり、冷戦後があり、湾岸戦後がありました。そしてアフガン戦後を経てイラク戦後は、当事者である米国が終結を宣言し撤退しても、泥沼の状態を、形を変えて今も引きずっていて、とても今を「戦後」としてこの戦争を過去のものにすることはできません。

このように「戦後」は無数にあるのですが、日本・日本人にとって「戦後」といえば、それは一九四五年に敗戦で終わったアジア太平洋戦争の「戦後」のことであり、「戦後」というだけで、いわば固有名詞としてのこの「戦後」がなおも継承されています。それは、一九四五年までとは根本的に価値観を変えた「戦後」であるとともに、その大転換したはずの「戦後」を、なおも意識的に持続しなければならない時代が続いている、という「戦後」です。

フランスで戦後（aprés-guerre）という場合は、もっぱら第一次世界大戦後の、しかも新しい文化・芸術運動のことを意味しますが、これが日本に伝わると、「アプレゲール」という発音の軽い語感もあってか、一九二〇年代の享楽的社会文化のことを指しもしました。英米圏で after the war というと、あまりに多くの戦争をしてきたせいか、特定の「戦後」を意味していません。

日本とドイツの「戦後」と落差

「戦後」というだけで一九四五年から以後という特定の「戦後」を意味するのは、日本と、ドイツの戦後（nach dem Krieg）だけです。ここには、加害国であったがゆえに、「戦後」であること、ありつづけるべきことの緊張感をわきに置くことができないことをにじませていると見ていいでしょう。よく知られているドイツの重厚な「戦争責任」の果たし方は、過ぎ去らせてはいけない過去を自覚してきたふるまいでした。これに対し日本の政治は、一貫して「戦争責任」に消極的な「戦後」政治を続け、「戦後」憲法を排撃し、いよいよ「戦後レジームからの脱却」を叫ぶ政治家を首相に押し上げました。この首相は、日本の侵略を断罪したポツダム宣言をきちんと読んでいないという不真面目さを露呈してもいます。七月二六日の宣言を、米国が日本に原爆を投下したあと「『どうだ』とばかり叩きつけたもの」（『ＶＯＩＣＥ』二〇〇五年七月号）と理解していた人物なら、さもありなん、と「納得」することはできません。二〇一五年三月に来日したドイツ・メルケル首相は、日本の閣僚との会談でも「侵略という過去への反省が、侵略を受けた国との和解の前提だ」と何度も語りました。安倍首相はこれに何も反応せず、岸田文雄外相は、「日独では事情が違う」と反論する始末です。

「坂の上の雲」を目指すこと自体が「雨の坂」を転がり落ちることにつながる――司馬史観の深層にある真相を読み解くよう、こうした政治家に求めるのは、ないものねだりなのでしょうか。

4 二〇一五年八月一五日で戦後七〇年でしたね
──「戦後七〇年」のはなし

古稀を迎えた「戦後」

長寿を寿《ことほ》ぐ年齢でポピュラーなのは、還暦、古稀、喜寿、傘寿、米寿、卒寿、白寿あたりでしょうか。還暦は六〇歳。中国発祥でアジアに広がった古代以来の干支に基づき、一から一〇の数え方の別名として知られている、「甲・乙・丙」ときて「癸《みずのと》」までの一〇種（十干《じっかん》）と、年賀状やカレンダーでおなじみの「子《ね》（鼠）」から「亥《い》（猪）」の一二種（十二支）との組み合わせで年を数え、したがって六〇年で一巡して「暦」の最初に「還」るので「還暦」と呼びます。「古稀《こき》」は「人生七十古来稀《まれ》なり」と、中国・唐の詩人・杜甫《とほ》が詠んだことに由来しますので、中国でも昔から祝賀の年齢とされてきました。しかし、あとは漢字表現を根拠にした、どうやら日本的なならわしのようです。

二〇一五年は「戦後七〇年」。ただ、人間の年齢に似せて特に関心を寄せているから、というだけではありません。「戦後七〇年」であらためてあの戦争のことを思い起こしているさなかに、「戦後」を七〇年で終わらせるような動きが出てきたからです。

「八月一五日」で「終戦」？

「八月一五日」を「終戦記念日」と呼び、二〇一五年のこの日で「戦後七〇年」だ、という発想には、留意すべき点が少なくありません。一つは「終戦」という、何やら台風が通り過ぎたような言い方でいいのか、歴史的正義に反した結果招いた「敗戦」ではなかったのか、です。その敗戦を日本政府が公式に決定したのは、前日一四日の「御前会議」を経た上での当時の主権者＝天皇の決定によってでしたし、戦争相手の連合国との間で正式に日本が降伏文書に署名したのは、九月二日の米戦艦ミズーリ号の甲板上でした。ですから旧連合国はこの九月二日が「戦勝記念日」です。

さらに「戦争」関係が連合国との間で法的に終結して「戦後」になるのは、片面とはいえサンフランシスコ講和条約締結のときですから、はるか七年後の一九五二年四月二八日のことです。ちなみに、この日を境に日本は独立した主権国家に戻ったはずなのに、日本は、講和条約締結直後に米国と日米安保条約を結んだため、それまでは連合国の「占領軍」であった米軍は、そのまま安保条約に基づく「駐留軍」へと看板だけかけ替えて居続けることになりました。

では「一九四五年八月一五日」とは何でしょうか？　それは敗戦、すなわちポツダム宣言による無条件降伏という連合国の要求を、日本政府が受け入れたことを、当時の政府トップであった裕仁天皇が、ラジオで国民に伝えた日にすぎません。放送された天皇の肉声で伝えられたのは、「大東亜戦争終結ノ詔書」という政府決定文書ですが、その日付は八月一四日でした。八月一四日の会議では、ポツダム宣言を受け入れるべしとする意見と、戦争継続すべきとする意見とが対立したので、天皇が裁《さい》可《か》して戦争を終わらせ、そのことを直接国民に放送で伝えて、日本社会につつがなく「終戦」をいきわたらせたという「物語」ができてもいます。実際は「詔書」文がとても難しく、当時のラジオ放送の音質も聞き取りにくかったため、直立不動で聞いていた国民の多くは、何がどうなったのかよくわかりませんでした。

こうして「終戦は八月一五日だ」という見方は定着します。しかしこの見方だと、一方では、八月一五日を過ぎても「戦争」状態が続いていた旧植民地・戦闘地での無数の悲劇が見落とされるでしょう。敗戦を知らされないまま出兵先のグアム島で長期間ジャングルに潜んでいた横井庄一伍長は、ようやく発見され帰還した一九七二年に「終戦」を迎えることができました。ルバング島に潜んでいた小野田寛郎少尉が発見され帰還したのもさらに後の「戦後」二九年のことです（一九七四年）。またこの見方だと、他方で逆に、一九四五年八月より二か月も前に悲惨な「敗戦」を強いられた沖縄県民の悲劇が後景に退いてもいます。

「八月一五日から七〇年」だけでいいのか？

「あれから七〇年」をもっぱら一九四五年八月一五日だけに事寄せて論じる「戦後七〇年」感覚には、特にドイツと対比すると見えてくる弱点があります。あの戦争のことを、日本と比較にならないほど公式にも社会的にも反省してきたドイツは、さまざまな加害の日々を記念し、それから何年という数え方で、そのつど歴史的反省をゆかりの各地で持続してきました。毎年のようにとりあげるその日々には、たとえばヒトラー政権が樹立された一月三〇日（一九三三年）をはじめ、ユダヤ人迫害を開始してその住宅・商店破壊で夜空に飛び散ったガラスを表現した「水晶の夜」の一一月九日（一九三八年)、ポーランドに侵攻した九月一日の第二次大戦開始日(一九三九年)、「白バラ通信」という反戦ビラをまいたショル兄妹などのミュンヘン大学学生を、裁判所がそれだけで死刑判決を下し、即日ギロチンで処刑した二月二二日(一九四三年)等々、無数にあります。それぞれの日にドイツでは、政府・州・自治体・大学・企業・各種団体などが大小の記念行事を開催し、記憶をつないできました。二〇一五年一月二七日には、アウシュビッツ強制収容所解放七〇年式典が盛大に開催され、ドイツ政府を代表してガウク大統領が重厚な演説をしたのは記憶に新しいところです。

これに引きかえ日本では、加害の歴史に立ち返る機会が、公的にはもとより社会的にさえなさすぎます。日本によるアジア侵略の節目であった韓国の三・一事件や中国の柳条湖事件・盧溝橋事件なども、被害国は忘れず記念日にしているのに、日本政府は何もせず、メディアもそそこで、したがって日本社会も忘れています。戦争法案を参議院本会議が最終的に「可決」したのは、「九月一八日」から未明にかけてでしたが、与党は中国を仮想敵国とするこの法案を、あろうことか中国侵略を開始した一九三一年の柳条湖事件の記念日を避けることもせず、暴力的に「成立」させました。このことに触れたメディアはほとんどありません。そして一九三七年一二月の南京大虐殺は、その事実関係や被害者数をめぐってさえ、公的には正面から認めていません。「戦後七〇年」というとき、こうした点を回避・放置したままであってはならないでしょう。

日本の「戦後七〇年」は、「戦後」憲法の下で、なんとか戦争しない七〇年を維持してきました。近代日本史で初めてのことです。「古来稀なり」でしょう。喜寿も白寿も祝いたいのですが——。

5 安倍首相の「戦後七〇年談話」をどう見る？
――もう一度「戦後七〇年」のはなし

第一次大戦まで反省の視野に入れるドイツ

あの戦争への反省という点では日独の落差は開くばかりです。ドイツでは加害の日々を毎年のように重く受け止めて謝罪を続けていることは、すでに4で述べました。そのふくらみは、二〇一四年の第一次世界大戦一〇〇年にあたってのガウク・ドイツ大統領のスピーチでも、一世紀前のドイツの加害責任に言及して注目を浴びていました。

第一次世界大戦は、帝国主義化した列強間の、資源と市場の争奪戦争というのがその本質ですから、その限りではどちらが倫理的に悪い（逆に言えばどちらかが「正しい」）という性格の戦争ではありませんが、ドイツはフランスとの戦争のために、中立を宣言していたベルギーを侵攻したため、ベルギー人は長くドイツに遺恨を抱いていました。この侵攻から一〇〇年後の二〇一四年八月四日にベルギー東部の工業都市リエージュ（Liége）で行われた追悼式典では、ベルギーのフィリップ国王が「第一次世界大戦は、人々を団結に導くというわれわれの責務をあらためて想起させます」と抑制したスピーチを行い、ドイツと交戦したフランスからは、オランド大統領が登壇し「中立国ベルギーにドイツ軍が侵攻したことによって、バルカン半島での争いが世界大戦に発展した」ことを明確に語るなか、ドイツのガウク大統領は「この侵攻にはみじんの正義もなかった」ことを明言し、「欧州が自由、法の支配、寛容、正義、博愛心を積極的に擁護すべき時代に、ドイツは、軍の論理のみに基づいて戦争に踏み切ったのです」と言及して、ベルギーとの長いわだかまりが解け始めています。

二〇一五年二月一三日には、英国によるドイツの古都・ドレスデンへの絨毯《じゅうたん》爆撃で亡くなった二万五〇〇〇人にのぼる犠牲者を追悼する七〇周年の式典が行われました。ドイツでは数少ない、被害を記念する式典ですが、ここで式辞を述べたときも、ガウク大統領は、「私たちは、ドレスデンでおびただしい死者を出した戦争を、誰が始めたのかを知っています。そして、それゆえに、私たちはいまここでドイツ人の犠牲者を追悼するとき、ドイツが行った戦争による膨大な他国の犠牲者を決して忘れてはなりません」と述べ、注目されました。

戦後七〇年談話

こうしたドイツの重厚な過去との向き合い方に比べると、日本政府のそれはあまりにお粗末です。その悪しき到達点を、二〇一五年八月一四日に閣議決定したいわゆる「戦後七〇年談話」(正式には内閣総理大臣談話)に見て取ることができるでしょう。そもそもこの「談話」に至る経緯がダッチロール的紆余曲折《うよきょくせつ》があり、それだけでもこの談話の低質さが予測されましたが、内容はその予測を超えるものでした。要するに「入るか入らないか」といったあまり意味のない注目を浴びたキーワード群はすべていちおう触れながら、「入れておいたよ」式の、誠意のカケラも感じられない「談話」となりました。

「談話」は、「百年以上前の世界」に触れて第一次大戦にかけての歴史から始めますが、そこにはガウク大統領が示したような真摯《しんし》な帝国主義への反省はありません。続けて欧米列強による「経済のブロック化」で「日本経済は大きな打撃を受け」たため、その「行き詰まりを、力の行使によって解決」しようと先の大戦に進んだと、当時の国際経済のせいにする描き方をしました。この論理は日本が開戦に向かったときのそれと同じです。

「侵略」についても一般論のところで単語を入れただけで、日本がアジア侵略を行ったことを明確に言いません。これは村山談話から始まる従来の見地を否定するものです。さらに日露戦争で日本が戦勝したことに触れ、「植民地支配のもとにあった、多くのアジアやアフリカの人々を勇気づけた」と言います。日露戦争が北東アジア支配権をめぐる帝国主義間の争いだったという歴史的常識がここにはありません。日露戦争の結果、日本は韓国を併合して以後三五年に及ぶ苦痛を与えたことにも触れずじまいでした。

加えて「二十世紀において、多くの女性たちの尊厳や名誉が深く傷つけられた」と、どこか他人事のように述べただけで、内外から注視されていたいわゆる「従軍慰安婦」（国際的に通用しているのは「性奴隷〔sex slave〕」）のことは一切触れていません。「軍の関与」を認めた一九九三年の河野談話との対比でさえ、完全な後退を見せています。

もっとも問題だったのは、故・加藤周一さんが説いて共感を得てきた「戦後世代の戦争責任」を、「あの戦争にはなんらかかわりのない、私たちの子や孫、そしてその先の世代の子供たちに、謝罪を続ける宿命を背負わせてはなりません」と拒絶したことです。故ヴァイツゼッカー・ドイツ大統領が戦後四〇年演説で、「罪の有無、老若いずれを問わず、我々全員が過去を引き受けねばなりません」としたのとはあまりに対照的でした。談話後の記者会見で首相は、日本の侵略を認めるかどうかを問われて、なおも「歴史家の議論に委ねる」と明言を避けています。こうした一連の態度に正反対の見地を維持してきたドイツのメディアは批判的コメントを突きつけました（例えば、高級週刊誌 Spiegel は八月一四日の on-line でただちに「安倍は直接の謝罪を回避」と批判しましたし、オピニオン・リーダー紙であるフランクフルターアルゲマイネ新聞八月一五日付は「自説を譲らず（Sicher im Sattel）」と辛辣《しんらつ》です）。

歴史家の講義を受けるドイツの式典

ドイツ降伏七〇周年の五月八日、ドイツ連邦議会で行われた記念式典では、大統領や首相の記念スピーチはなく、議会両院議長の短いあいさつの後、ガウク大統領、メルケル首相、フォスクーレ連邦憲法裁判所長官らが最前列に座る議場では、歴史学者ハインリッヒ・アウグスト・ヴィンクラーが四〇分に及ぶ講義のような講演を行いました。ナチス犯罪を相対化する歴史修正主義をめぐる七〇年代の論争で、反修正主義の論陣を張ったこの高名な歴史家は、ナチス犯罪の過去に触れつつ、「このような歴史を持つ国である以上、過去と向き合う作業には決して終止符が打たれることはありません」と述べ、大きな拍手を受けています。この一部始終はテレビ中継されました。

「戦後七〇年」に向き合う日独の落差に愕然《がくぜん》としたのは、おそらく私だけではないでしょう。

6 「国を愛する」のは当然？
――「愛国心」って何だろう

「恋」を知らない六法？

一九七〇年代いっぱい、革新統一の大阪府知事だった黒田了一さんは、立候補するまでは大阪市立大学の著名な憲法学者でしたが、「草舟」という号をもつ歌人でもありました。その「草舟」作の一首に「秋の夜　ひたすら学ぶ六法に　恋という字は　見出さざりけり」というのがあります。「六法」とは、2で紹介したように、基本的法令が収録されている市販の書物です。初の知事選挙の時に、黒田さんの気さくな人柄を示す話題としてこの歌が紹介されたとき、情緒とは縁遠い法の世界に、心ときめく「恋」のことなど規定していないだろうと私も思いましたが、膨大な六法をくまなく調べたのか、心配にはなりました。「恋という字」と言われると、ひょっとしてあるかもしれないと思ったわけです。

当時と違って今はパソコン検索という手があるので、最近調べてみたら、一九四八年制定の公務員寒冷地手当法に寒冷地指定の自治体として群馬県嬬《つま》「恋《ごい》」村という地名がある、と出てきました。「恋という字」ですが、しかし市販六法にこの法律は収録されていません。また、ストーカー規制法に「恋愛感情」という文言で出てくるというのもヒットしましたが、この法律は二〇〇〇年制定ですので、黒田さんが歌ったときにはまだありませんでした。いずれにしても黒田さんの歌に誤りはなかった！　ということです。

愛に満ちた憲法前文

では、というので「愛という字も見出さざりけり」と言った人もいましたが、これは間違いです。六法収録の公職選挙法の別表に「愛」知県とか「愛」媛県が出てくる、というだけではありません。ほかでもない憲法の前文で、「われらの安全と生存」は、「平和を愛する諸国民の公正と信義に信頼して（trusting in the justice and faith of the peace-loving peoples of the world）」保持すると決意して見せたところにズバリと出てきます。

ここでいう「諸国民」とは、英語文ではnationsではなくpeoplesで、しかも「世界の（of the world）」ですから、この地球上にいる生身の「人々」すべてのことです。束ねられた「民族」や「国家」や「政府」は戦争したがるかもしれないが、世界中で現に生きている生身の人々（peoples）は、人間として、殺し合うことを嫌い、平和を愛しているのだから、そこを信頼して九条で行こう、という趣旨がうかがえます。

ところが、東西冷戦が深まる中、一九五二年に、「東」を仮想敵にして日米安保体制が始動したころ、憲法が愛を語ったこの部分を「世界には平和を愛さない国民もいる」と「解釈」して、「だから安保条約は必要だ」と説く論が出てきました。これもまた、この前文に対する「解釈改憲」でしょう。

法による愛の押し付け？

新たに「愛」を定めようという動きがあります。小泉首相時代の自民党が、二〇〇五年に発表した「新憲法草案」は、前文で「日本国民は、帰属する国や社会を、愛情と責任感と気概を持って自ら守る責務を共有する」と書き込みました。ストレートに「愛国心」を書き込む予定だったことからすると、ややぼかされた表現になってはいます。ぼかされた、というのは、ストレートに「愛国心」と書くのではなく、「心」が消え、国と並んで「社会」も対象にしているからであり、また文章の構造上も、国・社会を「愛情と責任感と気概」を持って「自ら守る」べし、としているのですから、実は「自分の国を自分で守る」ことを、しかも国民「共有」の「責務」にするという提案になっています。「愛国心」を求めているというよりは「国を守る共同責務」、つまりソフトタッチではあれ「国防義務」を求めていると見たほうがいいでしょう。愛国心はぼかされているかも知れませんが、国防義務っぽい規定ぶりは、むしろかなり鮮明でした。

「国を愛する」ことを法的に求めて登場したのが、第一次安倍政権の下で二〇〇七年に強行成立させた、現行教育基本法です。旧法の「改正」案とされましたが、内容も基本原理も全面変更されましたので、「新」教育基本法という方が正確でしょう。その二条五号は「伝統と文化を尊重し、それらを育んできた我が国と郷土を愛する態度を養う」ことを「教育目標」と定めました。ここでも「心」は消えましたし、国と郷土がセットにされていますが、内心に直結する外形的な「態度」を強要する以上、こちらの方が「愛国心育成」をストレートに求めていると見ていいでしょう。案の定、新教育基本法に基づく学習指導要領などの改変で、教室には「愛国心」教育が侵入してきました。
「愛国心」などという「心」を法的に求めることの危うさは、各方面から厳しく批判されています。それもあってか、二〇一二年に公表した自民党改憲案では、「日本国民は、国と郷土を誇りと気概を持って自ら守り、基本的人権を尊重するとともに、和を尊び、家族や社会全体が互いに助け合って国家を形成する」としました。「国」への「愛」はここでも消えていますが、しかし「国」を「自ら守る」ことを求めていて、「国防」要求はむしろ鮮明になっています。

国って何だ?!

「国」が「社会」や「郷土」とセットにされて「愛」の対象にされやすいのは、日本語の「国」という用語に潜むあいまいさに便乗しているからでしょう。日本語の「国・くに」には、自然に形成された人々の集合体をさすのか、人為的に設計された政治的組織である政府・国家を指すのかといった基本的相違さえ分別不明なままです。国土であるlandも、共同体であるcountryも、多面的なnationも、統治機構としてのgovernmentも、政治的統一体としてのstateも、みんな「国」と呼ぶ、それこそ「伝統と文化」が日本にはあります。国際スポーツ競技で絶叫する「ニッポン!」という愛着が、地続きのまま「日本国政府」への「愛」に転用されてはたまりません。
「平和を愛する諸国民」とは事実の問題ですが、「社会」や「郷土」と同じように「国」を愛せと命じられるのは筋違い。法が愛を語り始めるとき、冷静にその底意を見なければならないでしょう。

7 世界遺産登録で韓国などと議論になりましたね
――「いまに続く過去」がある

名所旧跡の光と影

日本国内でも世界でも「名所旧跡」というのがあって、あちこち見て回るのは楽しいし、見聞も広がります。ただ見物していてふと思うのは、古代・中世の権力が強いほど、稀有《けう》壮大な建物や運河や道路といった「建造物」が造られ、それが「遺産」として名所旧跡になっている例が少なくないという事実です。自然そのものがそのまま風光明媚《めいび》な景観として残っている名所は、心和むものがありますが、巨大権力ゆえに残った旧跡は、歴史に名を遺す名所かもしれませんが、それを建造したときには膨大な労働が強制され、歴史には残りにくい犠牲を払ったのでは、と思うと、素直に見物できない面があります。特にその名所旧跡が、「過ぎ去った過去」のことならともかく「過ぎ去ろうとしない過去」、ましてや「今に続く過去」であるなら、ただ観光するだけで済ますことはなかなかできません。

あいつぐ世界遺産の登録

「世界遺産」とは、「人類全体の遺産」保護をうたって、一九七二年のユネスコ（国連教育科学文化機関）総会で「世界遺産条約」が採択されて以来進められている事業ですが、登録にあたっては「顕著な普遍的価値」があるかが審査され、登録が認められれば、締約国はその遺産を、将来にわたって保護することを義務づけられます。日本は一九九二年にこの条約に加盟し、さっそく翌九三年、「文化遺産」として法隆寺地域の仏教建造物と姫路城、「自然遺産」として屋久島と白神山地の遺産登録を実現して、以後も申請を続けてきました。こうして日本は、二〇一五年現在で、「文化遺産」は全七七九件中の一五件、「自然遺産」は全一九七件中の四件が認められています。

この間、たとえば一九九六年に認められた広島の「原爆ドーム」には、投下した米国が反対するなど、「今に続く過去」が絡んで紛糾したこともありました。特にこうした「負の世界遺産」と呼ばれるものには、その「負」をもたらした国や政治勢力が、「過ぎ去ろうとしない過去」を引きずっていると、なおのこと紛糾してきました。その最新例が二〇一五年に話題となった日本の「産業革命遺産」です。

産業革命遺産の光と影

日本政府はかねてから、「明治日本の産業革命遺産」が福岡県など八県にあるとして、これらを「世界遺産」に登録するよう名乗りを上げてきましたが、二〇一五年五月五日、ユネスコの諮問機関「国際記念物遺跡会議（イコモス）」がこれを認めるようにユネスコに勧告して、にわかに関心が高まりました。申請・勧告された「産業革命遺産」とは、近代日本の重工業化の歩みをたどるもので、幕末に薩摩・長州・佐賀の各藩などが手がけた反射炉・造船所跡・ドック跡、明治後期以後に稼働開始した官営八幡製鉄所や三池炭鉱・三菱長崎造船所など、八エリアの二三件が「構成資産」とされています。

そのうちの一つが、メディアでもよく報じられた「軍艦島」でした。この島は、今では長崎市に属する「端島」のことですが、江戸時代末期にはすでに石炭が採取されていた海底炭鉱にたどりつくことのできる島です。明治政府がとった富国強兵策により、一八八六年に本格的な海底炭鉱として三菱による採炭が開始されて以来、全島が採炭用に改造された結果、あたかも当時の戦艦・土佐のような姿になったことから、やがて「軍艦島」と呼ばれるようになった、というわけです。

もちろん、この炭鉱労働は、戦前の過酷な労働にありがちな悲劇を、日本人労働者に多く残していますが、特に、日本がアジア太平洋戦争に向かうころ、一九三九年からは朝鮮人労働者が強制的かつ大量に投入され、最も過酷な採炭労働はほとんど朝鮮人にさせる事態となりましたし、一九四三年からはさらに中国人捕虜までも投入するようになります。日本から申請された「世界文化遺産」には、軍艦島など七か所に、戦前日本のアジア侵略支配という「負の遺産」の面がありました。

軍艦島などでの炭鉱労働に駆り立てられた朝鮮人・中国人が悲惨な目にあったのは、厳然たる事実です。イコモスの勧告が出されるや、当然のことながら中国・韓国・朝鮮人民民主主義共和国の各政府は、「戦時中、強制徴用された施設」の世界遺産登録に反対しました。日本政府は、特に韓国政府との「調整」に手間取り、七月四日予定のユネスコ総会まではまとまらず、総会は異例にも一日延期されました。結果はようやく全会一致で決定しましたが、その決議文には、「朝鮮半島や中国から本人の意思に反して連れてこられた人々が、厳しい環境で労働を強いられた（forced to work）。これらの犠牲者を記憶するための情報センターを設置する」とした日本の演説に触れつつ、「世界遺産委員会は日本のこの発言に留意する」とわざわざ注を付けています。ギリギリの「合意」でした。イコモスの審査では、日本に対し、「各施設の歴史全体を理解できるような計画」を二〇一七年末までに作成するよう求めてもいます。今回の登録で、日本政府は、歴史を直視するよう世界から求められたことを、忘れてはなりません。膨大な奴隷労働でできたとされる古代の巨大建造物は、「過ぎ去った過去」の遺産かもしれませんが、問題となった軍艦島等には、あの戦争の加害国・日本が、被害者に真摯に向き合ってこなかったがゆえの「過ぎ去ろうとしない過去」、現に向き合わない「今に続く過去」が潜んでいるのです。

九条も世界遺産?

これだけ深刻な問題をあぶりだしたこのたびの世界遺産登録でしたが、決定を受け取った「地元」の人々は知名度が高まったことを喜んで素朴に「万歳」を叫び、経済界・商店街からは「経済効果」を期待する声がもっぱらです。そこには「今に続く過去」への緊張感はほとんどありません。

世界遺産といえば、お笑いタレントの太田光さんが、お笑い抜きで「憲法九条を世界遺産に」と提言して注目されたことがありました。二〇〇六年に刊行された同名の新書本はベストセラーになったほどです。「一貫して他国と戦わない、二度と戦争を起こさないという姿勢を貫き通してきたことに、日本人の誇りはある」等々の真摯な主張は、傾聴に値します。ただ、九条を「世界の珍品」で「突然変異で出現した」から「遺産」にという主張には、九条の未来性・普遍性が感じられません。

8 「安全・安心」に暮らしたいですね
――「安全保障」の光と影

セイフティとセキュリティ

自動車販売を業とする会社の社長をしていた父は豪放な人で、運転免許証がまだ取得できない年齢だというのに私に車の運転を教え、仕事の手伝いをさせていました。一度だけ道交法違反で捕まりそうになったときも、警察署に顔の利く父の手配があったようで事なきを得たという、今では信じられないのんきな時代の話です。ですから運転には相当自信をつけてから（？）免許証を取りました。一九六九年に運転席のシートベルト着装が義務化されましたが、身体を縛りつけられるあの感覚がいやで、事故の時に壊れて外せなくなったらかえって危険だ、などと理屈をつけて着装しない横着も続けました。そんな怖いもの知らずで免許証更新に行ったら、会場で上映されたビデオが、「そういう勝手な考えがこのように命を落とす！」と悲惨な事故映像で脅され、以後、しぶしぶ着装しています。

このビデオでは、車のベルトのことを「セイフティ・ベルト」と言い続けていました。シートで着けるだけのシートベルトではなく、「安全」のためのベルトだ、というわけです。このように、事故というリアルな「危険」を招かないために語られるのが「セイフティ」。他方このビデオは同時に、「自動車交通体系のセキュリティ」のために警察がどんな仕事をしているかを紹介してもいました。

セイフティとセキュリティは、どちらも「安全」と訳されることが多いのですが、ニュアンスが微妙に違います。具体的で現実的な「危険」に対するのがセイフティで、やや抽象的で将来的な「不安」に対するのがセキュリティ、という使い分けがあると理解するとわかりやすいでしょう。これはラテン語の語源からも言えることで、セイフティの語源は「完全」を意味する sollus であるのに対して、セキュリティの語源 securitas は、se と cura の合成語で、英語で言えば se は without、cura は care ですから、without care、つまり「心配・不安のない」ことを意味します。となるとセキュリティは、あえて区別すれば、安全というより今後への「安心」というニュアンスでしょう。しかし将来のことなので、どうしても主観的な要素がつきまとうことになります。

近代憲法文書が定めた「安全」と「安心」

「安全な生活を安心してすごしたい」という人間的な願いが、人類社会のいわば表舞台に登場し、統治の目的として語られるようになるのは、近代以降のことでした。なぜなら「近代」は、治められる側の国民が主権者、つまり主人公とされるのですから、治める側は国民の願望や意向に従って治めることを建前とするからです。このことは、近代の開始を宣言した、いくつかの古典的な憲法文書の中にも見てとることができます。

米国で発せられた一七七六年の「独立宣言」は近代的統治の理念を描いた古典的文書の代表作。この宣言では、人々の「天賦《てんぷ》の権利」を保障することが政府をつくる目的であると説いた後で、「どんな政府でも、この目的を損なうものとなるときは、人民は、その政府を改廃し、人民の安全

（safety）と幸福をもたらす……新たな政府を組織する権利を有する」と述べています。ここでは「安全」が崇高な権利であり、その権利の実現が政府、したがって統治の目的とされていたことに注目してください。

ところでこの宣言は、米国独立の経緯を述べたところでは、「長きにわたる暴虐と簒奪《さんだつ》」があったので、「その政府を廃棄し、人民の future security のために新たな保障組織を整える」という「人民の権利」を行使して独立した、とも述べています。相手はいうまでもなく英国政府でした。ここでは将来についてのことなので security といっている、といえましょう。

もう一つの著名な近代の宣言文書である一七八九年フランスの人権宣言を見てみましょう。ここでは、「自由」「所有」そして「圧政への抵抗」と並んで、「安全」を人権として定めていました。ここでの「安全」は、フランス語でシュルテ（sûreté）と書かれています。すなわちセキュリテ（securité, security）と区別された safety のこと。ここでも safety という「安全」が人権とされ、それを保障するのが政府の目的とされていました。

近代というプロジェクトは、人々が「具体的な危険から免れて安全（safety）であること」を人権とした上で、その人権を将来的にも保障して人々の不安をなくし安心をもたらすシステムを security と考え、統治の任務としました。統治の任務としてのセキュリティは、以上のような原点に立ち返るなら、具体的な人間の「安全」をベースに構築する「安心」のシステムのことであり、本来、生きて生活する人々の場である生活世界のところで、その保障のあり方を構想することこそが基本でしょう。

この原点を離れると、根拠薄弱な「不安」を理由に過剰な「安心」を求めて、非合理的・非人間的なセキュリティ・システムを追求することになります。

さまざまなセキュリティ

将来の安心を社会的にはかるシステムはソーシャル・セキュリティですが、これを日本では「社会保障」と呼んでいます。また、「公共」のところで人々の安心をはかるのはパブリック・セキュリティであり、これを日本では「公安」とか「治安」と呼んできました。さらに「国家」レベルで「国民」の「安心」をはかるのをナショナル・セキュリティと呼んで、ここでは軍事を軸とする「安全保障」システムが作動します。それぞれ、本当に人間に対する具体的な危険に向きあう人間的セキュリティになっているのか、点検する必要があるでしょう。

特に「安全保障」を軍事的にはかろうとすると、ともすれば日本以外の国や地域や勢力に対する疑心暗鬼の「不安」を高めて、際限のない殺し合いによる「安全保障」の構築を図ろうとしますから、合理的・人間的な「安心」を離れていく可能性を秘めています。戦争法の「安全保障」が、やれ「存立危機事態」だ、やれ「重要影響事態」だと得体のしれない「不安」をあおっているのはその典型です。こんな馬鹿げた方向を断ち切ろうという決意が、憲法九条にほかなりません。

「安全」ベルトは甘受しましょう。しかし「安全保障」のために人間らしさを縛られたくはありません。ちなみに、父が経営していた会社名は「安全商会」といい、ロゴはSAFETYでした。

9　ドイツは原発を全廃したのに日本はどうでしょう
——原爆と原発を貫く危険性

原爆と原発は同根だったけれど

ドイツは、第二次大戦末期に原爆開発に着手しました。ユダヤ人であるがゆえにドイツを追われたアインシュタインは、ナチスに対抗して原爆を開発するよう、亡命先の米国政府に進言します。世に言う「マンハッタン計画」はこうして始まりました。しかしドイツは原爆開発前に敗戦。にもかかわらず米国は開発を続け、一九四五年七月一六日、原爆実験に成功。翌一七日、ポツダムで会談中の米大統領のもとに“Babies satisfactorily born”（赤ん坊は申し分なく生まれた）と伝えられました。米国はその威力を誇示するため、敗戦確実だった日本に対し、あえて原爆を投下します。広島にはウラン型、長崎にはプルトニウム型と使い分け、まるで原爆の展示実験でもあるかのように——。

唯一の核兵器保有国となった米国の優位性は圧倒的でした。ところが一九四九年にはソ連が核実験に成功し、米の核独占体制が崩れると、両国による核軍拡時代に突入し、世界から激しい批判を受けます。そこで一九五三年一二月、米国は国連総会で“Atoms for Peace”（原子力の平和利用）政策を訴え、原子力発電の戦略的開発を開始しました。原爆批判を原発開発でかわそうというわけです。しかし、開発した米国原発の重要な利用先は、原子力潜水艦でした。世界初の原潜ノーチラス号は、こうして一九五四年一月に進水し、九月には就役します。

一九五四年三月一日、日本の漁船・第五福竜丸が、米国の核実験のためビキニ環礁で被曝《ひばく》し、九月には乗組員・久保山愛吉さんが亡くなりました。広島・長崎に続く三度目の被ばくです。ここから原水爆禁止を求める国民的運動が始まり、第一回世界大会が一九五五年八月から始まりました。しかし当時は「原爆による被爆」と「原発による被曝」とを結び付けて考えた人はほとんどいません。

三度とも加害国であった米国は、このビキニ事件を重視し、事件直後の三月二日、政府中枢で「日本に実験用原子炉を提供する」政策に着手し、これに呼応するように同月、中曽根康弘（当時・改進党）議員らによる議員立法で原子炉築造予算二三五〇億円が可決されます。この金額にしたのは「核燃料のウラン二三五ですよ（笑）」（中曽根『天地有情』）というのですから、金額などは二の次でした。背後に米国の政策があったことは確実です。五五年一一月には読売新聞社と米情報局との共催で「原子力平和利用博覧会」（日比谷公園）が開催され三六万人もの入場者が詰めかけ、この種の博覧会では世界新記録とまでいわれました。「博覧会を通して世論の一変を期した」とは原発導入の旗振りだった正力松太郎の証言（『原子力開発十年史』）ですし、対米人脈の太さから正力の腹心を務めた柴田秀利（後に日テレ社長）は、「毒をもって毒を制す、原爆反対を潰すには原子力平和利用を謳《うた》い上げることが必要だった」（柴田『戦後マスコミ回遊記』）と言い放っています。こうして日本における原発導入は、一九五〇年代半ばに、米国の核政策の一環として始まり、日本は世界有数の原発保有国となりました。

ドイツにおけるAtomkraft, Nein Danke!

ドイツは日本と同じ第二次世界大戦の敗戦国で、ともに米国の勢力圏に組み込まれましたが、そうであるだけに東西冷戦の最前線に置かれ、もしも第三次世界大戦が起こったらドイツは確実に核戦争の戦場になる、という市民の恐怖感を背景に、早くから核兵器反対運動が起こっていました。そのドイツでも、一九七三年の石油危機のため、七五年には原発を設置する方向を社会民主党政権が、苦渋の選択として始めます。しかし日本と違って、「原発」は「原爆」と同じ質のものとして早くから受け止められており、反原発の運動は、核兵器に反対する市民運動の延長として高揚しました。原発も原爆も原子力、つまりAtomkraftの問題として考えてきたからです。米国はnuclear powerを、政府の側が原爆と原発との両政策として推進しましたが、ドイツでは逆に、市民の側がともに反対運動の対象にしてきました。"Atomkraft, Nein Danke!（原子力はけっこうです！）"というスローガンは、平和運動・反戦運動と反原発運動の両方を貫く合言葉となっています。

一九八六年に起こったチェルノブイリ原発事故が、流れを決めました。このとき高濃度の放射性物質が特に南ドイツを襲い、農業国・畜産国でもあるドイツ国民は多大な具体的被害を受け、放射性物質が届かなかったフランスとは、決定的に異なる政策に進みます。かつては原発導入に傾いた社会民主党は、この事故・被害を契機にAtomkraft, Nein Dankeに転換し、九八年に再度政権を取るや二〇〇二年に脱原発法を制定します。その後日本と同じ〇九年にドイツでも政権交代が起こり、保守の現メルケル政権に代わると廃止予定の原発の稼働延長を決めましたが、そこに起こった日本の3・11

は、チェルノブイリ事件二五周年で回顧中だったこともあって政治的激震をもたらします。激しい市民デモが起こる中、政府は早くも三月二〇日に「安全なエネルギー供給に関する倫理委員会」を設置し検討を開始。原発利害関係者はもとより原子力研究者さえ委員にせず、哲学者・経済学者・宗教家らで構成され文字通り「倫理」の見地から検討したこの委員会は、ネットで完全公開され、市民が注視するなかスピード審議を重ね、五月二八日、最終報告書を提出しました。

その一節は言います。「原発事故が日本のようなハイテク国家で生じ、ドイツでは起きえないという確証は消失した。……人間は技術的に可能なことを何でもやってよいわけではない。短期的利益で未来の何世代にも負担を強いるような決定は、社会が責任を負って制止すべきだ。エネルギー転換は難しい決断と負担を伴うが、その決断に市民が参加するチャンスを得て成功すれば、ドイツは他の国々に大きな影響を与えることができる。……」。実に「倫理」に富むこの報告書が、方向を決定づけ、政府・議会は一か月で一七基の全原発を廃止する決定を行いました。

日独のこの相違はどこからきているのでしょう。

一つは、市民デモと市民討議に囲まれて内閣・議会が決定していく熟議民主主義が深化しているからでしょう。より根底的には、ナチスを許した歴史を深刻に反省して、「人間の尊厳は不可侵」と憲法に書き込み、この尊厳をおかす倫理破壊には身体を張ってでも対決する市民と政治の構えがあることも、相違をもたらしているのではないでしょうか。

憲法の理念が政治を根底のところで支え動かす——日本も見習いたいところです。

10 主権者国民のために改憲手続を緩めたい？

――憲法九六条変更策の真意

憲法の改正・改悪・改定

言葉自体になんとはなしのプラスイメージがあって、それに「反対！」と抗《あらが》うのはなんとなくやりにくい、ということがあります。たとえば「改革」。英語ではreformですから「形を変える」の意味しかないはずですが、「改革」には「良くする」というニュアンスがつきまとっていて、「改革に反対！」と言うと、なにやらコンサバのようで居心地が悪くはないでしょうか。一九九四年に「成立」したのが、小選挙区制導入・政党助成金制度創設を軸とする「政治改革」でした。当時これに反対する論は、メディアによって徹底的に「非国民」扱いされたものです。昨今は新自由主義的な「規制緩和」や「構造改革」が叫ばれ、これまた反対しにくい空気をつくっています。

憲法「改正」というのは、文字どおり憲法を「正」しく「改」めることで、憲法第九章のタイトルであり、九六条がその手続きを定めます。あらゆる法は「改」めることを想定していますが、「正」しく改めることしか予定していません。だから「改正」手続があります。ところがこの憲法が制定されて以来、その「改正」を企ててきた内容は、せっかく手に入れた「軍事によらない平和」という憲法史上画期的な方法をあっさり捨ててしまうとか、天皇を元首に戻すとか、基本的人権を大幅に制約するとか、どう見ても「悪」く「改」めるものでしかなく、多くのこころある人々は「反対！」と言わざるを得ませんでした。これは「憲法改正」という、あるべき営みにとって不幸なことだったのです。

しかし「憲法改正反対！」というと、「正」しいことに逆らっているようで、これまた居心地が悪い。「憲法改悪反対」が筋ですが、それは法的用語ではないし、いささかどぎつい――と考えると、内容に中立的な「改定」という用語を充てるほかありません。運動の知恵は「改憲」という便利な略語を駆使してもきました。憲法改正か改悪かをいちいち説明しなくていい略語だからです。

憲法九六条先行改憲プラン

二〇一二年一二月の総選挙で、自民党は、公約に「憲法改正」をはっきりと掲げて、小選挙区制のおかげで議席上は圧勝し、維新の会（当時）など改憲を叫んだ勢力と合わせると、衆議院（四八〇）で改憲発議に必要な三分の二以上の議席、つまり三二四を超える議席を得ました。これに勢いを得て、安倍自民党総裁は、総選挙勝利の記者会見でさっそく「憲法改正に取りかかりたい」と言明します。

しかし、小手調べにということか、憲法九六条の「改正手続」を「緩和」する「改正」をまず目指すとも明言しました。「憲法九条を変えて戦争する国にしたいから改憲を！」などとどぎつい言い方はせず、「単なる手続問題ですから」とさりげないのですが、そのさりげなさを補強する理屈がふるっていて、「たとえば国民の七〇％が憲法を変えたいと思っていたとしても、三分の一をちょっと超える国会議員が反対すれば指一本触れることができないというのはおかしい」というものでした（二

（二〇一三年二月八日衆議院予算委員会・首相答弁）。

九六条は近代憲法の核心

この種の説明は、実は安倍首相が初めて言い出したアイデアではありません。自民党の『Q&A』にその原型は書かれていました。ただ、「国民のためにならない厳格な改憲手続」という説明、「国民のために手続きを緩和したい」という言い回しは、新ネタです。「国民のために」を連発するこの新ネタはしかし、なぜ改憲手続で「国会発議」のハードルを「両院の三分の二以上」と高くしているのか、その本質的な理由を、意識的に無視しています。

近代憲法は、国民の権利・自由を確保・実現するのが憲法で、それを侵害したがる国家権力を縛るために憲法を制定するのだ、という建前をとります。だから憲法九九条は、憲法の尊重擁護義務を、権利・自由を侵害したがる国家権力の担当者の方に課していて、権利・自由の保持者である国民に課してはいません。評論家の佐高信さんは、九九条でこの義務を課せられた天皇や国会議員・国務大臣・裁判官たち「公務員」を、「憲法違反をしたがるメンバーのブラックリスト」と言いましたが、正解です。ですから憲法は、国会議員に「改憲発議」権を持たせはしましたが、なんせブラックな国会議員ですから、ただの単純多数では信用できない、と見ているのです。そこのところを緩めることは、だからとても危険なことなのですが、それをただの手続緩和だ、しかも国民のためだという「ゆるキャラ」でさりげなく迫ったわけです。

改憲計画は初回で頓挫！

当初はこの線で行けると見たのでしょう。伊藤博文から数えて九六代目の首相になった安倍さんは、「九六代首相の私のときに九六条改正を」などとはしゃいでいました。二〇一三年五月五日、東京ドームで行われた国民栄誉賞授与式では、受賞者の松井秀喜さんが投手、長島茂雄さんが打者に扮し、捕手には原辰徳巨人軍監督が座りましたが、安倍首相が球審に扮し、なぜか巨人のユニフォームを着て、その背番号が96でした。「投手」役なら自民党「党首」として、「捕手」役なら「保守」政治家として、ダジャレにもなりますが、なぜ球審なのか。まさか安倍晋三の「晋三」を「心臓」にひっかけて、心臓の薬「救心」としゃれて首相を救うと訴えたわけでもないでしょう。見ようによっては、中立であるべき球審が、実は巨人のユニフォームを着ているのが九六条改憲の正体だ、と言っているようなシーンでした。

このころから九六条改憲に胡散臭《うさんくさ》さがでてきて、弁護士会をはじめ各界から急速に反対声明が出され、在京の憲法学者を軸に異例の速さで「九六条の会」ができ、長らく九条改憲論者であった小林節慶大教授（当時）まで、「九六条改憲は姑息《こそく》な裏口入学だ」と怒ってこの会の発起人に加わる、とか、自民党長老も反対する等々があって世論も激変し、自民党は、参院選の公約から「九六条先行改正」という主張を削りました。安倍改憲プランは、いわば初回で敗退したのです。

憲法「改正」とか手続「緩和」というマイルドな言い回しも、まずは眉に唾をぬって、ですね。

11　一度も変えていない日本の憲法は恥ずかしい？
――比較の中で考える憲法改正

「後進国」か発展途上国か

　第二次世界大戦の終結後、世界は列強による植民地支配の時代の終わりを迎えます。発展を抑えられていた旧植民地は、次々に独立し発展をしはじめました。こうした変化を受けて、それまで「後進国（backwards country）」と呼ばれていたのをやめて「発展途上国（developing country）」と呼ぶようになります。いまは低水準でも今後発展していく可能性を秘めている、という意味を込めて。そもそもこれらの地域を「後進国」と呼ぶのは、「先進国（advanced country）」が抱いてきた、差別意識からのおごり以外の何物でもありません。

日本は憲法改正後進国？

　自民党は二〇一二年四月に改憲案を公表しましたが、それに付属して『Q＆A』というパンフレットを刊行しています。条文を示すだけでは理解が得られない、と考えてか、ですます調の一問一答でやさしく「解説」しています。
　その冒頭「Q1」は「なぜ、今、憲法を改正しなければならないのですか？」というクエスチョンでした。その「答」の最初の部分は、お定まりの「押し付け憲法」論と「自主憲法制定」論で「答」

えていますが、それに続けて、憲法改正回数の国際比較を示しています。いわく――

「世界の国々は、時代の要請に即した形で憲法を改正しています。主要国を見ても、戦後の改正回数は、アメリカが六回、フランスが二七回、イタリアは一六回、ドイツに至っては五九回も憲法改正を行っています（平成二五年一月現在）。しかし、日本は戦後一度として改正していません。……」

これだけ読むと、あたかも日本は、憲法改正「後進」国、それも一度も改正しない超「後進」国のようにしか見えません。これを、憲法改正回数のせめて「発展途上」国にしたい、というアピールがにじみ出ているともいえましょう。

歴史に照らすと

この「比較」は、日本国憲法と同じ時間で比較するため「戦後」に限定したので、こういう「回数」比較になりました。しかし、「現行」憲法の制定時から数えてみる、という比較をすると、たとえば米国憲法は一七八八年にできていますから、そこから数えると一八回に上り、二七か条にもわたって改正しています。ただし、米国憲法は制定された時、米国が合衆（州）国という連邦国家として生まれたその憲法だということから、当初は、基本的人権規定を各州憲法にゆだねて、前文＋七か条でスタートしたのですが、合衆国連邦政府に対する制約が必要という要求を受けて、合衆国全体に共通の人権規定が必要だとされ、一七九一年に第一から第一〇の「修正」条項（Amendment）を加えて以来、時代の変化とともに、本体の憲法はそのままにして、こうした修正条項を加えてきたのが、この国の憲法改正にほかなりません。いってみれば改憲ではなく「加憲」でしょう。重要なことは、米国は憲法の原則を定めた本体を、制定以来二〇〇年以上たってもまったく変えていない、という厳粛な事実です。

「戦後」憲法という点では、同じ加害的敗戦国として日本とドイツとの比較が重要でしょう。ドイツは日本と異なり、敗戦後、戦勝国の米英仏およびソ連の四か国による共同管理下に置かれ、やがて冷戦の進行とともに米英仏管理の「西」とソ連管理の「東」に分断されました。その西側のドイツ連邦共和国では、将来の再統一までの暫定として、最小限の項目に限定した、しかも憲法ではない「基本法」という名の法を一九四九年に定めます（対抗していた東のドイツ民主共和国は、同年に「憲法」を制定します）。しかしドイツの再統一は見通しが立たないまま、暫定的性格のドイツ基本法は、その後の、冷戦進行から欧州統合に向かう国際関係の大きな変化を受けつつ、次々と改正を迫られました。一九八九年のベルリンの壁崩壊に始まる再統一は、この基本法を、再統一ドイツの憲法である「基本法」として大改正し、一九九二年のEU（欧州連合）結成に伴う変動も取り込む改正を施すなどもあって、六〇回近い改正を重ねることになりました。ただし、ナチス支配時代を深刻に反省したドイツ基本法は、冒頭に「人間の尊厳は不可侵である」との規定を置き、これを含めた「戦後」の諸原則を「改正不可能」条項として指定しています。

フランスは、一七八九年革命以来、憲法自体を何度も制定する二〇〇年以上の歴史を展開しており、「戦後」は一九四六年の第四共和国から始まりますが、現行憲法は一九五八年制定の第五共和国憲法です。「戦後」でいえば『Q＆A』の言うとおり二七回の改正ですが、現行憲法に限っても二四回に上ります。ただし、現憲法は前文冒頭で「フランス人民は、一七八九年の権利宣言により定められ、一九四六年憲法前文により確認され補完された人権と国民主権の原理への愛着を厳粛に宣言」していて、一七八九年以来の考え方が憲法の原理原則として生きています。現にフランスの裁判では、一七八九年宣言が判決理由に引かれることも珍しくはありません。

回数が問題なのではなく内容が問題

日本国憲法を変えようという主張は、「戦後」ようやく国民が手に入れたこの憲法の基本・根本を変えてしまえ、という内容です。司馬遼太郎の言い回しを借りるなら、「この国のかたち」を変えようというにほかなりません。九条のみならず、基本的人権の大幅制約、国民主権を事実上大きく後退させる天皇元首制などなど、提案されてきた改憲案は、どれも日本を「発展」に向かわせるものとは思えません。近代憲法を先行させてきた国々の憲法改正例で垣間見たように、その国の「かたち」を変えることまでをも「憲法改正」とはしていないのです。憲法改正は、その回数が問題なのではなく、何をどう改めるのかという内容こそが問題なのだ、と思い至るべきでしょう。

日本国憲法は長い世界憲法史の中でもっとも「先進」的なものです。これを変えて憲法「後進」国に舞い戻ることはないでしょう。

12 壊憲から改憲への流れは続く

――いま、日本国憲法の底力を示すとき

数年前に学生と、最近の交流手段について話していたとき、「フェイスブックをやっていますか?」と聞かれて、まだ全く知らない言葉だったので思わず「直訳」して「顔の本? なんだね、それは」と聞き返したため、その学生が固まっていたことがありました。説明を受けて、ようやくそれがインターネットを通して他者と意見交換などをするSNS（social networking service あえて訳せば社会的交流網構築支援?）の一種だと知りましたが、ほかにもTwitterとかLINEなどのSNSがあるそうで、少し調べたら無数のSNSがあり、そのどれにも必要性を感じなかったので、ずっと傍観者を続けています。こういうのを「ネット世界」についていけない「ネット難民」と呼ぶそうですが、そう言われてしまうと、まるで「ネットカフェ」をねぐらにしている「ネットカフェ難民」のような語感もあり、いろいろ考えてしまいます。

「戦後レジーム」からの脱却とは?

そんなネット難民でも、インターネットの世界では古典ともいえる「ホームページ（HP）」は、便利な情報源として利用させてもらっています。で、首相としてではなく衆議院議員・安倍晋三個人の公式HPを開くと、すぐに「基本政策」という頁があり、その第三に「憲法改正」という頁があり

ます。「私は平成一九年〔つまり二〇〇七年〕一月の内閣総理大臣施政方針演説で『戦後レジーム』からの脱却を宣言しました」という一文から始まるこのメッセージは、「戦後レジームからの脱却」とは何かを説いていますが、「戦後レジーム」とは「憲法を頂点とした行政システム、教育、経済、雇用、国と地方の関係、外交・安全保障などの基本的枠組み」だそうで、「戦後レジームからの脱却を成し遂げるためには憲法改正が不可欠です」と続きます。

一読して明らかなように、この政治家にとって「戦後レジーム」とは、日本国憲法の示す基本体制であり、それが、首相のとる政策として全否定の対象となっています。余談ながら、「レジーム(régime)」という用語は、フランス語の「体制」のことですが、だったらこの政治家が愛してやまない「美しい日本」のためにも、「美しい日本語」で言えばいいのに、わざわざ「レジーム」と呼ぶのは、古く一七八九年のフランス革命のとき、立ち上がった市民たちが、打倒すべき古い絶対王政を「アンシャン・レジーム＝旧体制」と呼んで以来、打倒すべき、忌避すべき体制が「レジーム」だといった意味合いでも、この言葉が使われてきたためです。かくして安倍さんが「戦後レジーム」と呼ぶとき、それは丸ごと拒否すべき「体制」のこととなり、その内容は「憲法を頂点とした体制」となるわけです。これほどまでにあからさまに「戦後」の拒絶を表明する首相は初めてでしょう。

「改憲を主張する首相」の異常さ

「日本国憲法改正」を首相が公約として掲げたのは、鳩山一郎(一九五四～五六年に首相在任)が最初でした。もともと一九五五年の保守合同＝自民党結成は、改憲を目的としたものであり、その初代総裁にして首相が鳩山でしたから、当然といえば当然でしょう。しかしこの改憲に失敗してから以後は、憲法九九条が定める首相等の「憲法尊重擁護義務」があるのですから、在任中は憲法改正を言わない、という筋は維持されてきました。安倍首相の敬愛する祖父・岸信介（一九五七〜六〇年に首相在任）も名うての改憲論者でしたが、それでも首相在任中は改憲を主張できなかったのです。首相のままで改憲を公然と主張する安倍首相が、実に異様であることを知っておいてください。

改憲を主張して二〇〇六年に首相になった安倍晋三という政治家は、「教育憲法」ともいわれていた旧教育基本法を全面改定して、日本国憲法とは逆の立場の「基本法」に変えてしまい、防衛庁を防衛省に昇格させて憲法九条に背く方向をいっそう進め、その憲法を丸ごと変えるための改憲手続法を成立させもしましたが、この政権は、志半ばのままちょうど一年で頓挫《とんざ》しました。「後顧の憂い」を多く残して退陣したせいか、ＨＰのメッセージは、首相退陣後の二〇〇九年六月一二日を「最終変更日時」としたまま、首相に返り咲いたときを経て、二〇一五年初秋の今もなお掲げ続けています(http://www.s-abe.or.jp/policy/consutitution_policy)。この執念は、粘着質というほかありません。

改憲できないので壊憲、しかし――

二〇一三年末からの第二次安倍政権で、怒濤《どとう》のごとく進んでいる大問題は、なかなか改憲できないものだから、改憲に近いところで憲法を壊す、つまり「壊憲」を進める意味合いがあります。労働者の権利を保障している憲法二七条を壊して残業代ゼロ法案・生涯派遣法案を用意する、大企業・富裕層には減税をすすめながら、国民には二五条を壊して消費税増税・社会保障大幅圧縮を強要する、一三条・二五条を壊して命と環境を脅かす原発を再稼働・推進・輸出する、二三条を壊して研究の自由・大学の自治を歪め、二一条を壊して国民の知る権利・批判の自由を奪う秘密保護法を制定・発動する、戦前の国家教育を反省して国民のための教育権をうたった二六条を壊して教育の国家統制を強める、そして九条を壊して、武器輸出を解禁し軍需産業に活路をつけ、集団的自衛権行使を可能として米国とともに至るところで軍事行動をとろうとする、等々、戦後最大ともいえる大変動の動きが同時多発的進行で襲いかかってきているのは、決して偶然のことではありません。こうした「壊憲」で日本国憲法という緑豊かな山河を焼き尽くしておいて、その先に「改憲」を持ち出して「戦後レジームからの脱却」を完成させよう、というわけです。

しかし、日本国憲法の条文そのものはまだ無傷で、強力なメッセージを発し続けています。さまざまな壊憲策を進める政府・与党は、日本国憲法を前に、いちいち合憲だと弁解しなければなりません。その典型が戦争法案でしたが、弁解をすればするほど破綻し、「違憲立法」だという国民的な怒りの声に押されて、政府・与党は窮地に追い込まれました。これが日本国憲法の底力なのです。

その底力は、この憲法が歴史を深刻に反省し、世界史の最先端を導入したところから生まれています。それを丸ごと憎悪する「戦後レジームからの脱却」論は、したがって歴史に背を向けたいわば「歴史難民」の論でしかありません。国民は、そんな難民になることを拒否するでしょう。

世界文化遺産とされた長崎市の端島炭坑、通称「軍艦島」(毎日新聞社)。7参照

日本国憲法

日本国民は、正当に選挙された国会における代表者を通じて行動し、われらとわれらの子孫のために、諸国民との協和による成果と、わが国全土にわたつて自由のもたらす恵沢を確保し、政府の行為によつて再び戦争の惨禍が起ることのないやうにすることを決意し、ここに主権が国民に存することを宣言し、この憲法を確定する。そもそも国政は、国民の厳粛な信託によるものであつて、その権威は国民に由来し、その権力は国民の代表者がこれを行使し、その福利は国民がこれを享受する。これは人類普遍の原理であり、この憲法は、かかる原理に基くものである。われらは、これに反する一切の憲法、法令及び詔勅を排除する。

日本国民は、恒久の平和を念願し、人間相互の関係を支配する崇高な理想を深く自覚するのであつて、平和を愛する諸国民の公正と信義に信頼して、われらの安全と生存を保持しようと決意した。われらは、平和を維持し、専制と隷従、圧迫と偏狭を地上から永遠に除去しようと努めてゐる国際社会において、名誉ある地位を占めたいと思ふ。われらは、全世界の国民が、ひとしく恐怖と欠乏から免かれ、平和のうちに生存する権利を有することを確認する。

われらは、いづれの国家も、自国のことのみに専念して他国を無視してはならないのであつて、政治道徳の法則は、普遍的なものであり、この法則に従ふことは、自国の主権を維持し、他国と対等関係に立たうとする各国の責務であると信ずる。

日本国民は、国家の名誉にかけ、全力をあげてこの崇高な理想と目的を達成することを誓ふ。

第1章　天皇

第1条　天皇は、日本国の象徴であり日本国民統合の象徴であつて、この地位は、主権の存する日本国民の総意に基く。

第2条　皇位は、世襲のものであつて、国会の議決した皇室典範の定めるところにより、これを継承する。

第3条　天皇の国事に関するすべての行為には、内閣の助言と承認を必要とし、内閣が、その責任を負ふ。
第4条　天皇は、この憲法の定める国事に関する行為のみを行ひ、国政に関する権能を有しない。
②　天皇は、法律の定めるところにより、その国事に関する行為を委任することができる。
第5条　皇室典範の定めるところにより摂政を置くときは、摂政は、天皇の名でその国事に関する行為を行ふ。この場合には、前条第一項の規定を準用する。
第6条　天皇は、国会の指名に基いて、内閣総理大臣を任命する。
②　天皇は、内閣の指名に基いて、最高裁判所の長たる裁判官を任命する。
第7条　天皇は、内閣の助言と承認により、国民のために、左の国事に関する行為を行ふ。
一　憲法改正、法律、政令及び条約を公布すること。
二　国会を召集すること。
三　衆議院を解散すること。
四　国会議員の総選挙の施行を公示すること。
五　国務大臣及び法律の定めるその他の官吏の任免並びに全権委任状及び大使及び公使の信任状を認証すること。
六　大赦、特赦、減刑、刑の執行の免除及び復権を認証すること。
七　栄典を授与すること。
八　批准書及び法律の定めるその他の外交文書を認証すること。
九　外国の大使及び公使を接受すること。
一〇　儀式を行ふこと。
第8条　皇室に財産を譲り渡し、又は皇室が、財産を譲り受け、若しくは賜与することは、国会の議決に基かなければならない。

第2章　戦争の放棄

第9条　日本国民は、正義と秩序を基調とする国際平和を誠実に希求し、国権の発動たる戦争と、武力による威嚇又は武力の行使は、国際紛争を解決する手段としては、永久にこれを放棄する。

②　前項の目的を達するため、陸海空軍その他の戦力は、これを保持しない。国の交戦権は、これを認めない。

第3章　国民の権利及び義務

第10条　日本国民たる要件は、法律でこれを定める。

第11条　国民は、すべての基本的人権の享有を妨げられない。この憲法が国民に保障する基本的人権は、侵すことのできない永久の権利として、現在及び将来の国民に与へられる。

第12条　この憲法が国民に保障する自由及び権利は、国民の不断の努力によつて、これを保持しなければならない。又、国民は、これを濫用してはならないのであつて、常に公共の福祉のためにこれを利用する責任を負ふ。

第13条　すべて国民は、個人として尊重される。生命、自由及び幸福追求に対する国民の権利については、公共の福祉に反しない限り、立法その他の国政の上で、最大の尊重を必要とする。

第14条　すべて国民は、法の下に平等であつて、人種、信条、性別、社会的身分又は門地により、政治的、経済的又は社会的関係において、差別されない。

②　華族その他の貴族の制度は、これを認めない。

③　栄誉、勲章その他の栄典の授与は、いかなる特権も伴はない。栄典の授与は、現にこれを有し、又は将来これを受ける者の一代に限り、その効力を有する。

第15条　公務員を選定し、及びこれを罷免することは、国民固有の権利である。

② すべて公務員は、全体の奉仕者であつて、一部の奉仕者ではない。
③ 公務員の選挙については、成年者による普通選挙を保障する。
④ すべて選挙における投票の秘密は、これを侵してはならない。選挙人は、その選択に関し公的にも私的にも責任を問はれない。
第16条　何人も、損害の救済、公務員の罷免、法律、命令又は規則の制定、廃止又は改正その他の事項に関し、平穏に請願する権利を有し、何人も、かかる請願をしたためにいかなる差別待遇も受けない。
第17条　何人も、公務員の不法行為により、損害を受けたときは、法律の定めるところにより、国又は公共団体に、その賠償を求めることができる。
第18条　何人も、いかなる奴隷的拘束も受けない。又、犯罪に因る処罰の場合を除いては、その意に反する苦役に服させられない。
第19条　思想及び良心の自由は、これを侵してはならない。
第20条　信教の自由は、何人に対してもこれを保障する。いかなる宗教団体も、国から特権を受け、又は政治上の権力を行使してはならない。
② 何人も、宗教上の行為、祝典、儀式又は行事に参加することを強制されない。
③ 国及びその機関は、宗教教育その他いかなる宗教的活動もしてはならない。
第21条　集会、結社及び言論、出版その他一切の表現の自由は、これを保障する。
② 検閲は、これをしてはならない。通信の秘密は、これを侵してはならない。
第22条　何人も、公共の福祉に反しない限り、居住、移転及び職業選択の自由を有する。
② 何人も、外国に移住し、又は国籍を離脱する自由を侵されない。
第23条　学問の自由は、これを保障する。

第24条　婚姻は、両性の合意のみに基いて成立し、夫婦が同等の権利を有することを基本として、相互の協力により、維持されなければならない。
② 配偶者の選択、財産権、相続、住居の選定、離婚並びに婚姻及び家族に関するその他の事項に関しては、法律は、個人の尊厳と両性の本質的平等に立脚して、制定されなければならない。
第25条　すべて国民は、健康で文化的な最低限度の生活を営む権利を有する。
② 国は、すべての生活部面について、社会福祉、社会保障及び公衆衛生の向上及び増進に努めなければならない。
第26条　すべて国民は、法律の定めるところにより、その能力に応じて、ひとしく教育を受ける権利を有する。
② すべて国民は、法律の定めるところにより、その保護する子女に普通教育を受けさせる義務を負ふ。義務教育は、これを無償とする。
第27条　すべて国民は、勤労の権利を有し、義務を負ふ。
② 賃金、就業時間、休息その他の勤労条件に関する基準は、法律でこれを定める。
③ 児童は、これを酷使してはならない。
第28条　勤労者の団結する権利及び団体交渉その他の団体行動をする権利は、これを保障する。
第29条　財産権は、これを侵してはならない。
② 財産権の内容は、公共の福祉に適合するやうに、法律でこれを定める。
③ 私有財産は、正当な補償の下に、これを公共のために用ひることができる。
第30条　国民は、法律の定めるところにより、納税の義務を負ふ。
第31条　何人も、法律の定める手続によらなければ、その生命若しくは自由を奪はれ、又はその他の刑罰を科せられない。
第32条　何人も、裁判所において裁判を受ける権利を奪はれない。

第33条　何人も、現行犯として逮捕される場合を除いては、権限を有する司法官憲が発し、且つ理由となつてゐる犯罪を明示する令状によらなければ、逮捕されない。

第34条　何人も、理由を直ちに告げられ、且つ、直ちに弁護人に依頼する権利を与へられなければ、抑留又は拘禁されない。又、何人も、正当な理由がなければ、拘禁されず、要求があれば、その理由は、直ちに本人及びその弁護人の出席する公開の法廷で示されなければならない。

第35条　何人も、その住居、書類及び所持品について、侵入、捜索及び押収を受けることのない権利は、第33条の場合を除いては、正当な理由に基いて発せられ、且つ捜索する場所及び押収する物を明示する令状がなければ、侵されない。

②　捜索又は押収は、権限を有する司法官憲が発する各別の令状により、これを行ふ。

第36条　公務員による拷問及び残虐な刑罰は、絶対にこれを禁ずる。

第37条　すべて刑事事件においては、被告人は、公平な裁判所の迅速な公開裁判を受ける権利を有する。

②　刑事被告人は、すべての証人に対して審問する機会を充分に与へられ、又、公費で自己のために強制的手続により証人を求める権利を有する。

③　刑事被告人は、いかなる場合にも、資格を有する弁護人を依頼することができる。被告人が自らこれを依頼することができないときは、国でこれを附する。

第38条　何人も、自己に不利益な供述を強要されない。

②　強制、拷問若しくは脅迫による自白又は不当に長く抑留若しくは拘禁された後の自白は、これを証拠とすることができない。

③　何人も、自己に不利益な唯一の証拠が本人の自白である場合には、有罪とされ、又は刑罰を科せられない。

第39条　何人も、実行の時に適法であつた行為又は既に無罪とされた行為については、刑事上の責任を問はれない。又、同一の犯罪について、重ねて刑事上の責任を問はれない。
第40条　何人も、抑留又は拘禁された後、無罪の裁判を受けたときは、法律の定めるところにより、国にその補償を求めることができる。

第4章　国会

第41条　国会は、国権の最高機関であつて、国の唯一の立法機関である。
第42条　国会は、衆議院及び参議院の両議院でこれを構成する。
第43条　両議院は、全国民を代表する選挙された議員でこれを組織する。
②　両議院の議員の定数は、法律でこれを定める。
第44条　両議院の議員及びその選挙人の資格は、法律でこれを定める。但し、人種、信条、性別、社会的身分、門地、教育、財産又は収入によつて差別してはならない。
第45条　衆議院議員の任期は、四年とする。但し、衆議院解散の場合には、その期間満了前に終了する。
第46条　参議院議員の任期は、六年とし、三年ごとに議員の半数を改選する。
第47条　選挙区、投票の方法その他両議院の議員の選挙に関する事項は、法律でこれを定める。
第48条　何人も、同時に両議院の議員たることはできない。
第49条　両議院の議員は、法律の定めるところにより、国庫から相当額の歳費を受ける。
第50条　両議院の議員は、法律の定める場合を除いては、国会の会期中逮捕されず、会期前に逮捕された議員は、その議院の要求があれば、会期中これを釈放しなければならない。
第51条　両議院の議員は、議院で行つた演説、討論又は表決について、院外で責任を問はれない。
第52条　国会の常会は、毎年一回これを召集する。

第53条　内閣は、国会の臨時会の召集を決定することができる。いづれかの議院の総議員の四分の一以上の要求があれば、内閣は、その召集を決定しなければならない。

第54条　衆議院が解散されたときは、解散の日から四十日以内に、衆議院議員の総選挙を行ひ、その選挙の日から三十日以内に、国会を召集しなければならない。

② 衆議院が解散されたときは、参議院は、同時に閉会となる。但し、内閣は、国に緊急の必要があるときは、参議院の緊急集会を求めることができる。

③ 前項但書の緊急集会において採られた措置は、臨時のものであつて、次の国会開会の後十日以内に、衆議院の同意がない場合には、その効力を失ふ。

第55条　両議院は、各々その議員の資格に関する争訟を裁判する。但し、議員の議席を失はせるには、出席議員の三分の二以上の多数による議決を必要とする。

第56条　両議院は、各々その総議員の三分の一以上の出席がなければ、議事を開き議決することができない。

② 両議院の議事は、この憲法に特別の定のある場合を除いては、出席議員の過半数でこれを決し、可否同数のときは、議長の決するところによる。

第57条　両議院の会議は、公開とする。但し、出席議員の三分の二以上の多数で議決したときは、秘密会を開くことができる。

② 両議院は、各々その会議の記録を保存し、秘密会の記録の中で特に秘密を要すると認められるもの以外は、これを公表し、且つ一般に頒布しなければならない。

③ 出席議員の五分の一以上の要求があれば、各議員の表決は、これを会議録に記載しなければならない。

第58条　両議院は、各々その議長その他の役員を選任する。

② 両議院は、各々その会議その他の手続及び内部の規律に関する規則を定め、又、院内の秩序をみだした議員を懲

罰することができる。但し、議員を除名するには、出席議員の三分の二以上の多数による議決を必要とする。

第59条　法律案は、この憲法に特別の定のある場合を除いては、両議院で可決したとき法律となる。

②　衆議院で可決し、参議院でこれと異なつた議決をした法律案は、衆議院で出席議員の三分の二以上の多数で再び可決したときは、法律となる。

③　前項の規定は、法律の定めるところにより、衆議院が、両議院の協議会を開くことを求めることを妨げない。

④　参議院が、衆議院の可決した法律案を受け取つた後、国会休会中の期間を除いて六十日以内に、議決しないときは、衆議院は、参議院がその法律案を否決したものとみなすことができる。

第60条　予算は、さきに衆議院に提出しなければならない。

②　予算について、参議院で衆議院と異なつた議決をした場合に、法律の定めるところにより、両議院の協議会を開いても意見が一致しないとき、又は参議院が、衆議院の可決した予算を受け取つた後、国会休会中の期間を除いて三十日以内に、議決しないときは、衆議院の議決を国会の議決とする。

第61条　条約の締結に必要な国会の承認については、前条第二項の規定を準用する。

第62条　両議院は、各々国政に関する調査を行ひ、これに関して、証人の出頭及び証言並びに記録の提出を要求することができる。

第63条　内閣総理大臣その他の国務大臣は、両議院の一に議席を有すると有しないとにかかはらず、何時でも議案について発言するため議院に出席することができる。又、答弁又は説明のため出席を求められたときは、出席しなければならない。

第64条　国会は、罷免の訴追を受けた裁判官を裁判するため、両議院の議員で組織する弾劾裁判所を設ける。

②　弾劾に関する事項は、法律でこれを定める。

第5章　内閣

第65条　行政権は、内閣に属する。

第66条　内閣は、法律の定めるところにより、その首長たる内閣総理大臣及びその他の国務大臣でこれを組織する。

②　内閣総理大臣その他の国務大臣は、文民でなければならない。

③　内閣は、行政権の行使について、国会に対し連帯して責任を負ふ。

第67条　内閣総理大臣は、国会議員の中から国会の議決で、これを指名する。この指名は、他のすべての案件に先だつて、これを行ふ。

②　衆議院と参議院とが異なつた指名の議決をした場合に、法律の定めるところにより、両議院の協議会を開いても意見が一致しないとき、又は衆議院が指名の議決をした後、国会休会中の期間を除いて十日以内に、参議院が、指名の議決をしないときは、衆議院の議決を国会の議決とする。

第68条　内閣総理大臣は、国務大臣を任命する。但し、その過半数は、国会議員の中から選ばれなければならない。

②　内閣総理大臣は、任意に国務大臣を罷免することができる。

第69条　内閣は、衆議院で不信任の決議案を可決し、又は信任の決議案を否決したときは、十日以内に衆議院が解散されない限り、総辞職をしなければならない。

第70条　内閣総理大臣が欠けたとき、又は衆議院議員総選挙の後に初めて国会の召集があつたときは、内閣は、総辞職をしなければならない。

第71条　前二条の場合には、内閣は、あらたに内閣総理大臣が任命されるまで引き続きその職務を行ふ。

第72条　内閣総理大臣は、内閣を代表して議案を国会に提出し、一般国務及び外交関係について国会に報告し、並びに行政各部を指揮監督する。

第73条　内閣は、他の一般行政事務の外、左の事務を行ふ。
一　法律を誠実に執行し、国務を総理すること。
二　外交関係を処理すること。
三　条約を締結すること。但し、事前に、時宜によつては事後に、国会の承認を経ることを必要とする。
四　法律の定める基準に従ひ、官吏に関する事務を掌理すること。
五　予算を作成して国会に提出すること。
六　この憲法及び法律の規定を実施するために、政令を制定すること。但し、政令には、特にその法律の委任がある場合を除いては、罰則を設けることができない。
七　大赦、特赦、減刑、刑の執行の免除及び復権を決定すること。
第74条　法律及び政令には、すべて主任の国務大臣が署名し、内閣総理大臣が連署することを必要とする。
第75条　国務大臣は、その在任中、内閣総理大臣の同意がなければ、訴追されない。但し、これがため、訴追の権利は、害されない。

第6章　司法

第76条　すべて司法権は、最高裁判所及び法律の定めるところにより設置する下級裁判所に属する。
②　特別裁判所は、これを設置することができない。行政機関は、終審として裁判を行ふことができない。
③　すべて裁判官は、その良心に従ひ独立してその職権を行ひ、この憲法及び法律にのみ拘束される。
第77条　最高裁判所は、訴訟に関する手続、弁護士、裁判所の内部規律及び司法事務処理に関する事項について、規則を定める権限を有する。
②　検察官は、最高裁判所の定める規則に従はなければならない。

③　最高裁判所は、下級裁判所に関する規則を定める権限を、下級裁判所に委任することができる。

第78条　裁判官は、裁判により、心身の故障のために職務を執ることができないと決定された場合を除いては、公の弾劾によらなければ罷免されない。裁判官の懲戒処分は、行政機関がこれを行ふことはできない。

第79条　最高裁判所は、その長たる裁判官及び法律の定める員数のその他の裁判官でこれを構成し、その長たる裁判官以外の裁判官は、内閣でこれを任命する。

②　最高裁判所の裁判官の任命は、その任命後初めて行はれる衆議院議員総選挙の際国民の審査に付し、その後十年を経過した後初めて行はれる衆議院議員総選挙の際更に審査に付し、その後も同様とする。

③　前項の場合において、投票者の多数が裁判官の罷免を可とするときは、その裁判官は、罷免される。

④　審査に関する事項は、法律でこれを定める。

⑤　最高裁判所の裁判官は、法律の定める年齢に達した時に退官する。

⑥　最高裁判所の裁判官は、すべて定期に相当額の報酬を受ける。この報酬は、在任中、これを減額することができない。

第80条　下級裁判所の裁判官は、最高裁判所の指名した者の名簿によつて、内閣でこれを任命する。その裁判官は、任期を十年とし、再任されることができる。但し、法律の定める年齢に達した時には退官する。

②　下級裁判所の裁判官は、すべて定期に相当額の報酬を受ける。この報酬は、在任中、これを減額することができない。

第81条　最高裁判所は、一切の法律、命令、規則又は処分が憲法に適合するかしないかを決定する権限を有する終審裁判所である。

第82条　裁判の対審及び判決は、公開法廷でこれを行ふ。

②　裁判所が、裁判官の全員一致で、公の秩序又は善良の風俗を害する虞があると決した場合には、対審は、公開し

ないでこれを行ふことができる。但し、政治犯罪、出版に関する犯罪又はこの憲法第三章で保障する国民の権利が問題となつてゐる事件の対審は、常にこれを公開しなければならない。

第7章　財政

第83条　国の財政を処理する権限は、国会の議決に基いて、これを行使しなければならない。

第84条　あらたに租税を課し、又は現行の租税を変更するには、法律又は法律の定める条件によることを必要とする。

第85条　国費を支出し、又は国が債務を負担するには、国会の議決に基くことを必要とする。

第86条　内閣は、毎会計年度の予算を作成し、国会に提出して、その審議を受け議決を経なければならない。

第87条　予見し難い予算の不足に充てるため、国会の議決に基いて予備費を設け、内閣の責任でこれを支出することができる。

②　すべて予備費の支出については、内閣は、事後に国会の承諾を得なければならない。

第88条　すべて皇室財産は、国に属する。すべて皇室の費用は、予算に計上して国会の議決を経なければならない。

第89条　公金その他の公の財産は、宗教上の組織若しくは団体の使用、便益若しくは維持のため、又は公の支配に属しない慈善、教育若しくは博愛の事業に対し、これを支出し、又はその利用に供してはならない。

第90条　国の収入支出の決算は、すべて毎年会計検査院がこれを検査し、内閣は、次の年度に、その検査報告とともに、これを国会に提出しなければならない。

②　会計検査院の組織及び権限は、法律でこれを定める。

第91条　内閣は、国会及び国民に対し、定期に、少くとも毎年一回、国の財政状況について報告しなければならない。

第8章　地方自治

第92条　地方公共団体の組織及び運営に関する事項は、地方自治の本旨に基いて、法律でこれを定める。

第93条　地方公共団体には、法律の定めるところにより、その議事機関として議会を設置する。

②　地方公共団体の長、その議会の議員及び法律の定めるその他の吏員は、その地方公共団体の住民が、直接これを選挙する。

第94条　地方公共団体は、その財産を管理し、事務を処理し、及び行政を執行する権能を有し、法律の範囲内で条例を制定することができる。

第95条　一の地方公共団体のみに適用される特別法は、法律の定めるところにより、その地方公共団体の住民の投票においてその過半数の同意を得なければ、国会は、これを制定することができない。

第9章　改正

第96条　この憲法の改正は、各議院の総議員の三分の二以上の賛成で、国会が、これを発議し、国民に提案してその承認を経なければならない。この承認には、特別の国民投票又は国会の定める選挙の際行はれる投票において、その過半数の賛成を必要とする。

②　憲法改正について前項の承認を経たときは、天皇は、国民の名で、この憲法と一体を成すものとして、直ちにこれを公布する。

第10章　最高法規

第97条　この憲法が日本国民に保障する基本的人権は、人類の多年にわたる自由獲得の努力の成果であつて、これらの権利は、過去幾多の試錬に堪へ、現在及び将来の国民に対し、侵すことのできない永久の権利として信託されたものである。

第98条　この憲法は、国の最高法規であつて、その条規に反する法律、命令、詔勅及び国務に関するその他の行為の全部又は一部は、その効力を有しない。

②　日本国が締結した条約及び確立された国際法規は、これを誠実に遵守することを必要とする。

第99条　天皇又は摂政及び国務大臣、国会議員、裁判官その他の公務員は、この憲法を尊重し擁護する義務を負ふ。

第11章　補則

第100条　この憲法は、公布の日から起算して六箇月を経過した日から、これを施行する。

②　この憲法を施行するために必要な法律の制定、参議院議員の選挙及び国会召集の手続並びにこの憲法を施行するために必要な準備手続は、前項の期日よりも前に、これを行ふことができる。

第101条　この憲法施行の際、参議院がまだ成立してゐないときは、その成立するまでの間、衆議院は、国会としての権限を行ふ。

第102条　この憲法による第一期の参議院議員のうち、その半数の者の任期は、これを三年とする。その議員は、法律の定めるところにより、これを定める。

第103条　この憲法施行の際現に在職する国務大臣、衆議院議員及び裁判官並びにその他の公務員で、その地位に相応する地位がこの憲法で認められてゐる者は、法律で特別の定をした場合を除いては、この憲法施行のため、当然にはその地位を失ふことはない。但し、この憲法によつて、後任者が選挙又は任命されたときは、当然その地位を失ふ。

あとがき

安倍路線のおかげ（?）で、憲法のことが市民のなにげない会話でも、ひんぱんに語られるようになりました。「戦後七〇年」にして、「憲法の日常化」ともいえるこういう状況が生まれたことは、意味深くまた意義深いでしょう。日常のちょっとした話題から憲法のはなしに入り込んでいく――本書を貫く、憲法に対する気軽で気楽なこうした構えは、最近の空気を映し出してもいます。いちおう、日本国憲法が定めている順に、第Ⅰ章から始めて、憲法全体を見渡す話題にまで及んでいますが、一話完結ですので、どこから読んでいただいてもけっこうです。

本書の契機になったのは、月刊誌『クレスコ』（大月書店）二〇一三年四月号から一年間連載をした「どうする?憲法――憲法で現在を読み解く一二話」という読み物です。ちょうど第二次安倍政権がスタートし、異様なまでに繰り出す「改憲と壊憲」の動きに対峙して、これを退治するための連載でしたが、あっという間に、しかもあまり論じ足りずに終わりました。その後しばらくして、新日本出版社から、連載のタッチを受け継ぎながら最近の憲法問題を根底から（ということはradicalに）読み解く、しかし一話完結のとっつきやすい本を作りませんかと、お誘いを受け、「渡りに船」で二〇一五年春過ぎから書き始めました。奇しくもその政権が、稀有の違憲立法＝戦争法をほとんど暴力的に「可決」したころに、初校の校正を行いこの一文を書いている、というめぐりあわせです。そういう経緯ですので、本書の誕生には、きっかけを作って下さった『クレスコ』編集部の方々がいるし、とりわけ一冊の本に仕上げてくれた新日本出版社編集部の角田真己さんには格別のお礼を申し上げます。

二〇一五年九月一九日　戦争法案の「可決」報道に接しつつ

森　英樹

森　英樹（もり・ひでき）

名古屋大学名誉教授。専門は憲法学。1942年、三重県生まれ。名古屋大学大学院法学研究科教授、同大学副総長、龍谷大学大学院法務研究科教授などを歴任。

主な著書

『憲法検証』（花伝社・1990年）
『憲法の平和主義と「国際貢献」』（新日本出版社・1992年）
『これがＰＫＯだ』（岩波書店・1993年）
『論理なき「政治改革」』（大月書店・1993年）
『政党国庫補助の比較憲法的総合的研究』（編著・柏書房・1994年）
『新版・主権者はきみだ』（岩波書店・1997年［初版・1991年］）
『憲法のこころに耳をすます』（かもがわ出版・1997年）
『グローバル安保体制が動きだす』（共編著・日本評論社・1998年）
『現代憲法講義Ⅰ・第３版』（共著・法律文化社・2002年［初版・1993年］）
『市民的公共圏形成の可能性』（編著・日本評論社・2003年）
『国際協力と平和を考える５０話』（岩波書店・2004年）
『現代憲法における安全』（編著・日本評論社・2009年）
『３．11の憲法』（共編著・日本評論社・2012年）
『壊憲に向かう安倍政権の暴走と矛盾』（ほっとブックス新栄・2014年）
『集団的自衛権行使容認とその先にあるもの』（編著・日本評論社・2014年）
『安保関連法総批判』（編著・日本評論社・2015年）

大事《だいじ》なことは憲法《けんぽう》が教《おし》えてくれる——日本国憲法《にほんこくけんぽう》の底力《そこぢから》

2015年11月3日　初　版

著　者　森　英樹
発行者　田所　稔

郵便番号　151-0051　東京都渋谷区千駄ヶ谷4-25-6
発行所　株式会社　新日本出版社
電話　03（3423）8402（営業）
03（3423）9323（編集）
info@shinnihon-net.co.jp
www.shinnihon-net.co.jp
振替番号　00130-0-13681
印刷・製本　光陽メディア

落丁・乱丁がありましたらおとりかえいたします。

JASRAC 出 1512264-501
ISBN978-4-406-05929-9　C0031　Printed in Japan